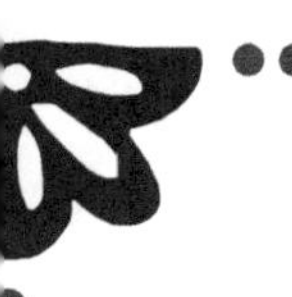

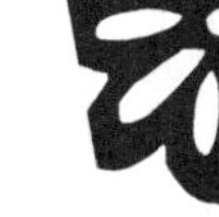

Herzlich willkommen!

Willkommen zum Lettering Arbeitsbuch für absolute Anfänger, zukünftige Handletterer! Sicherlich haben Sie viele Fragen über die Kunst des Letterings. "Wie fange ich an?" "Welche Werkzeuge brauche ich?" "Was in aller Welt ist eine Grundlinie?" Kein Grund zur Sorge! Dieses Buch ist dazu da, alle Ihre Fragen zu beantworten. Hier finden Sie zahlreiche Übungsmöglichkeiten sowie einen Link zum Herunterladen zusätzlicher Übungsseiten.

Sie fragen sich vielleicht, was Handlettering ist, und darauf gibt es eine einfache Antwort. Handlettering ist, einfach ausgedrückt, die Kunst, Buchstaben zu zeichnen. Handlettering wird für alles verwendet, von Ladenschildern bis hin zu Partyeinladungen, von Grußkarten bis hin zu Bankettmenüs. Es ist eine unglaublich vielseitige Fertigkeit - und eine, die Spaß macht, obendrein!

Es gibt einige Varianten dieser Kunst und viele verschiedene Stile, darunter Kalligrafie, Monoline, Brush Lettering (Pinselschrift) - um nur einige zu nennen! Auf den folgenden Seiten werden wir alle Stile im Detail vorstellen.

Handlettering kann herausfordernd wirken, mit all den Begriffen, Techniken und Stilen, aber mit genügend Übung kann jeder diese Kunst beherrschen. Egal, ob Ihre natürliche Handschrift ausgezeichnet ist oder nicht, Sie werden etwas aus diesem Buch mitnehmen und eine neue Fähigkeit erlernen. Dieses Buch ist dazu da, um Sie auf den Weg zu bringen!

BEGINNEN WIR UNSERE LETTERING-REISE!

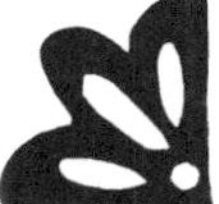

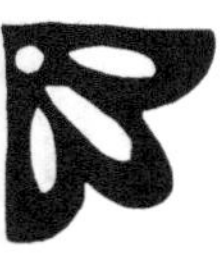
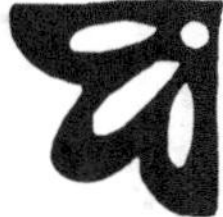

KOSTENLOSE GOODIES!

Brauchen Sie noch ein paar Übungsseiten? Nun, Sie haben Glück! Wenn Sie dieses Buch gekauft haben, können Sie einen Link erhalten, über den Sie zusätzliche Übungsseiten, liniertes Papier und weitere Lettering-Goodies für Ihre Handlettering-Reise herunterladen können! Scannen Sie einfach den QR-Code unten oder geben Sie riccagarden.com/lettering_workbook in Ihren Webbrowser ein. Geben Sie dann Ihre E-Mail-Adresse ein, und Sie erhalten einen Link für zusätzliche Übungsseiten!

HIER SCANNEN

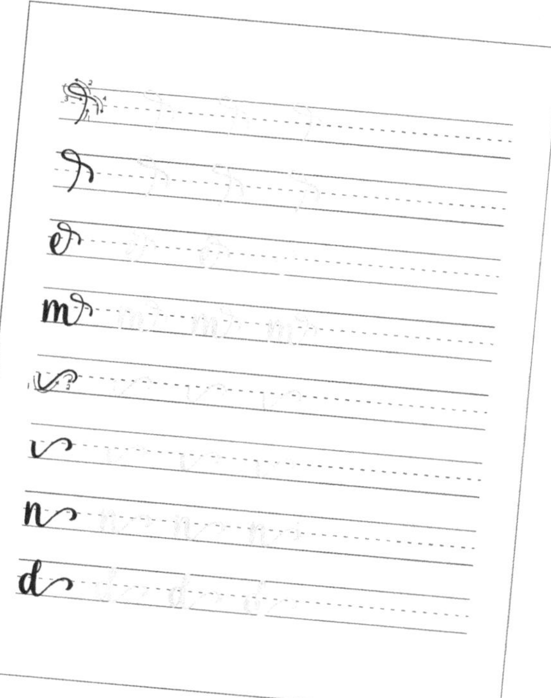

VIEL SPAß BEIM LETTERING!

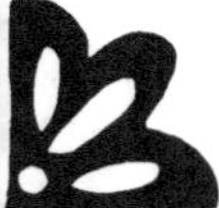

INHALTSVERZEICHNIS

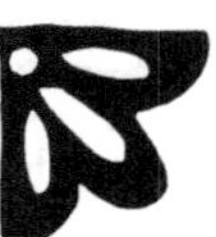

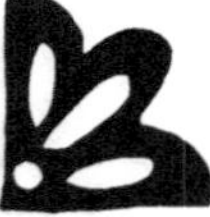

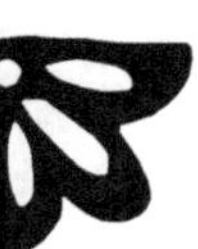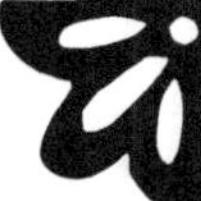

Alles,
was Sie wissen müssen,
um loszulegen

Bevor wir zum eigentlichen Thema kommen, müssen wir zunächst ein paar Dinge klären. Erinnern Sie sich an die Fragen, die Sie haben? Jetzt wäre ein guter Zeitpunkt, diese zu stellen. Machen Sie sich bereit, es gibt viel zu besprechen! Aber lassen Sie sich davon nicht überwältigen. Sie können jederzeit auf diese Seiten zurückgreifen, wenn Sie eine Frage haben.

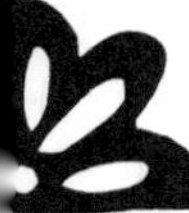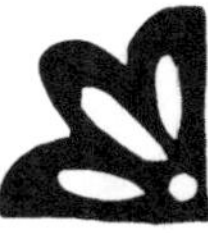

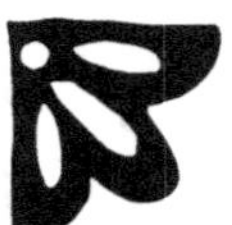

Unterschiede zwischen Handlettering und Kalligrafie

Wenn Sie gerade erst anfangen, fragen Sie sich vielleicht, ob es tatsächlich einen Unterschied zwischen Handlettering und Kalligrafie gibt. Meistens werden diese Begriffe austauschbar verwendet, obwohl sie eigentlich nicht austauschbar sind, es gibt definitiv einen Unterschied!

Handlettering

Handlettering ist eine Form des Schreibens, bei der die Buchstaben nicht geschrieben, sondern gezeichnet werden. Sie ist leichter zu erlernen und zu personalisieren, da man den Stil anpassen kann. Anders als bei der Kalligrafie sind die Regeln für Handlettering viel flexibler und bieten mehr kreative Freiheit. Für das Handlettering können viele Werkzeuge verwendet werden.

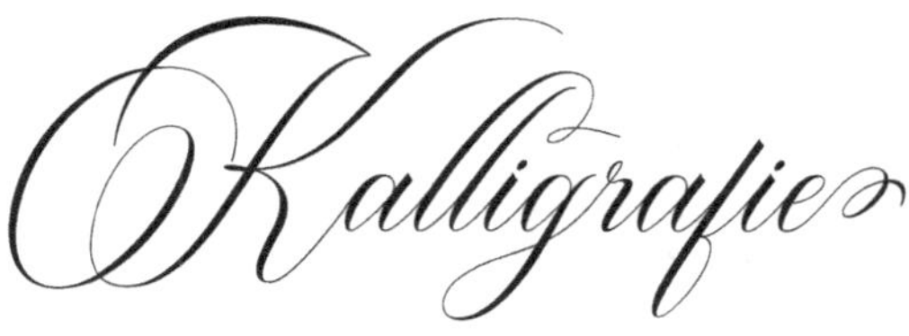

Moderne Kalligrafie

Mit der Entwicklung der traditionellen Kalligrafie hat sich die moderne Kalligrafie herausgebildet. Bei der modernen Kalligrafie sind die Regeln weniger streng, sodass man keine bestimmten Striche befolgen muss, um einen Buchstaben zu formen. Die Farben sind in der Regel kräftiger, und der Stil lässt sich insgesamt besser an den individuellen Geschmack des Künstlers anpassen. Trotz des Namens ist Brush Lettering eigentlich eine Form der modernen Kalligrafie, da sie geschrieben und nicht gezeichnet wird.

Kalligrafie

Die Kalligrafie hingegen ist die Kunst des Schreibens. Die traditionelle Kalligrafie ist eine ganz eigene Liga. Während Handlettering mit jedem beliebigen Medium, jedem Stil und jeder Technik ausgeführt werden kann, ist die traditionelle Kalligrafie sehr viel spezifischer. Sie verwendet ausschließlich einen Tauchstift mit einer Metallspitze, die in ein mit Tinte gefülltes Gefäß, das Tintenfass, getaucht wird. Die Regeln und Richtlinien der Kalligrafie sind strenger, und die Buchstaben sind etwas schwieriger zu erlernen.

Beispiele für einige traditionelle Kalligrafiestile sind Kupferstich, Spencerian und Roman Capital. Traditionelle Kalligrafie wird in diesem Buch nicht behandelt, aber sie ist eine wunderschöne Kunst und ein großartiger nächster Schritt, sobald Sie die Kunst des Handletterings beherrschen!

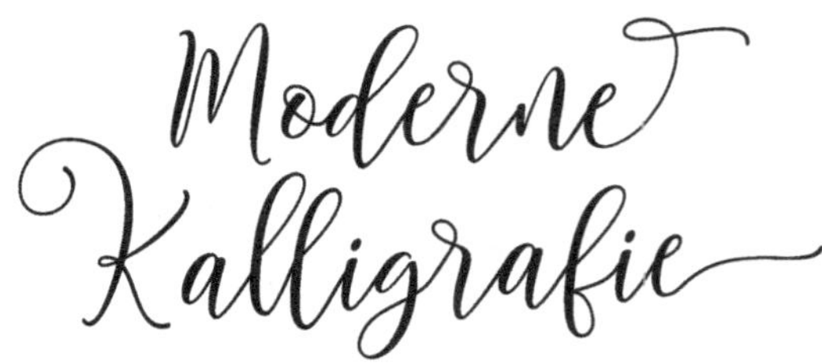

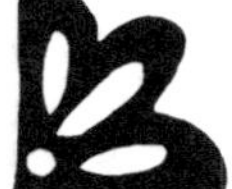

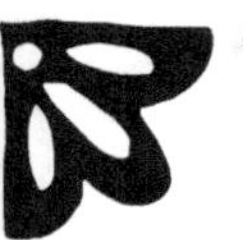

Einführung in Techniken und Stile

Es gibt viele Techniken und Stile für Handlettering. Das Schöne an dieser Kunst ist, dass es fast keine Grenzen gibt! Sie können verwenden, was Sie wollen, wie Sie wollen - aber es gibt einige Grundlagen, mit denen man leicht anfangen und auf denen man gut aufbauen kann. Dies ist nur ein erster Überblick, alle erwähnten Techniken und Stile werden später im Buch ausführlicher behandelt!

Monoline

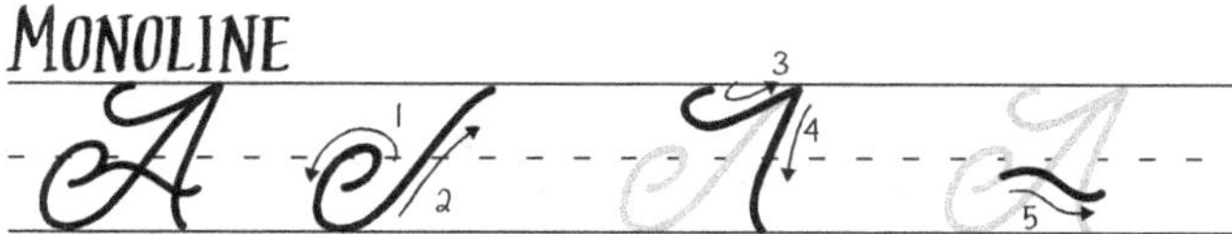

Monoline ist durchgängig konsistent, alle Linien haben das gleiche Gewicht oder die gleiche Dicke. Sie erfordert nicht viel an Werkzeugen und wird in der Regel verwendet, wenn viele andere künstlerische Elemente ins Spiel kommen sollen oder wenn der Letterer etwas Minimalistisches sucht.

Brush Lettering (Pinselschrift)

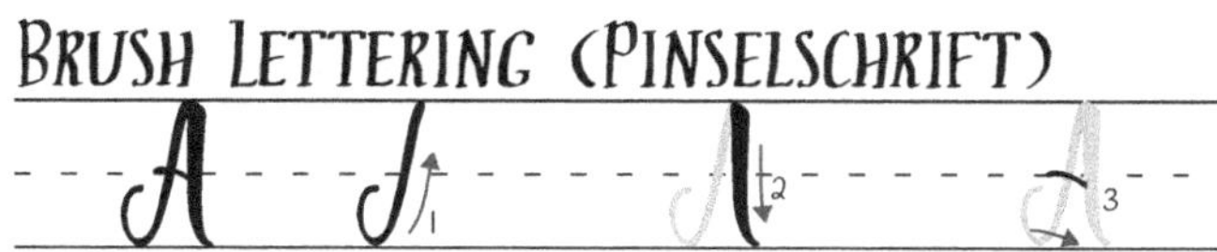

Brush Lettering ist eine der schwierigeren Techniken, aber es lohnt sich auf jeden Fall. Für Brush Lettering wird ein spezielles Werkzeug verwendet, der sogenannte Brush Pen. Dieser Stift lässt sich biegen und krümmen. Je weniger Druck Sie ausüben, desto dünner wird die Linie. Umgekehrt führt mehr Druck zu einer dickeren Linie.

Faux Calligraphy (Falsche Kalligrafie)

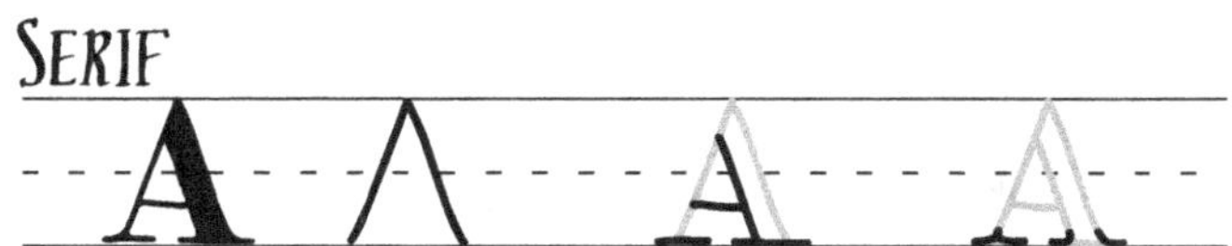

Die Faux Calligraphy basiert sowohl auf Monoline als auch auf Brush Lettering. Faux Calligraphy ahmt im Wesentlichen das Aussehen von Brush Lettering nach, indem sie im Monoline-Stil geschrieben wird und über den Abstrich der Buchstaben zurückgeht, um den Linien mehr Gewicht zu verleihen. Faux Calligraphy hat das Aussehen von Brush Lettering, aber die Technik ist viel einfacher zu beherrschen.

Serif

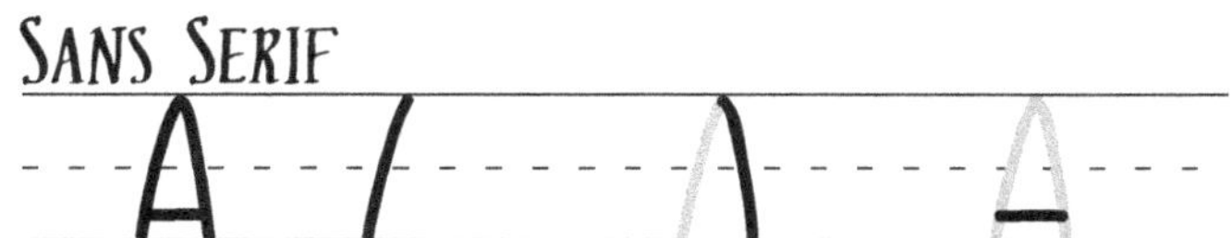

Die Serifenschrift ist ein Schriftstil, der ein bisschen mehr Flair verleiht. Bei einer Serifenschrift fügt man im Wesentlichen einige dekorative Striche hinzu, die über den Buchstaben hinausgehen. Das sorgt für Abwechslung und lässt viel Spielraum für kreative Interpretationen.

Sans Serif

Der Begriff "sans" ist ein französisches Wort und bedeutet "ohne". Ja, Sie haben es erraten - im Vergleich zur Serifenschrift ist die serifenlose Schrift eine Schriftart, die keine zusätzlichen Merkmale am Ende des Strichs aufweist. Sie ist in der Regel einfach und fett und bietet ein jugendliches und modernes Aussehen.

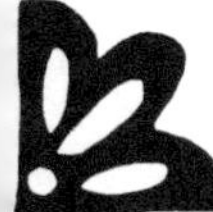
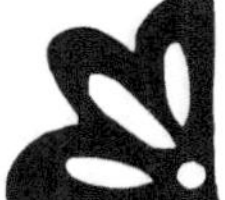

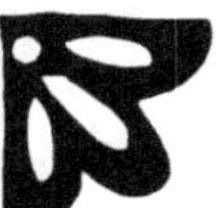

TERMINOLOGIE

Die ganze Terminologie kann unglaublich verwirrend sein, wenn Sie nicht wissen, was die Begriffe bedeuten, aber zum Glück ist dieses Buch genau dafür da! Legen Sie hier ein Lesezeichen ab, damit Sie bei Bedarf schnell auf diesen Abschnitt zurückgreifen können.

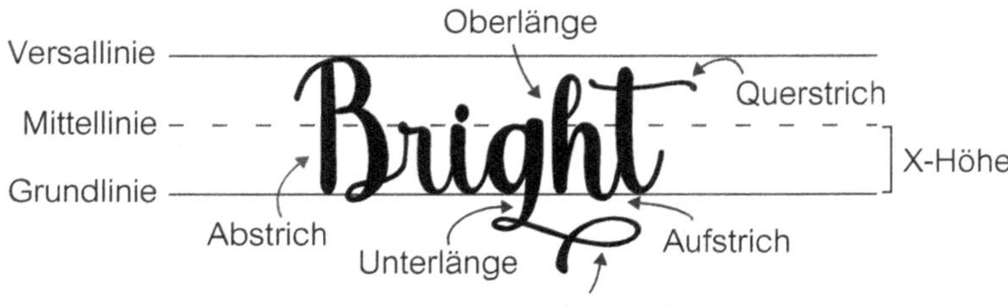

Beim Lettering gibt es ein paar grundlegende Linien, die ins Spiel kommen. Sie tragen dazu bei, dass die Buchstaben einheitlich und an der richtigen Stelle stehen. Denken Sie an die Linien, die Sie verwendet haben, als Sie in der Schule die Schreibschrift gelernt haben - sie sind diesen ähnlich.

GRUNDLINIE: Dies ist die Linie, auf der alle Buchstaben liegen. Sie stellt sicher, dass alle Buchstaben an ihrem Platz bleiben, damit das Wort nicht immer weiter auf dem Papier nach unten rutscht.

MITTELLINIE: Hier befindet sich normalerweise der obere Rand der Kleinbuchstaben, sodass diese zwischen der Grundlinie und der Mittellinie bleiben.

X-HÖHE: Diese gibt an, wie hoch der Kleinbuchstabe x ist. Sie wird verwendet, um den Abstand zwischen der Grundlinie und der Mittellinie anzugeben.

VERSALLINIE: Diese Linie markiert den oberen Rand von Großbuchstaben.

Zusätzlich zu diesen Linien gibt es einige Begriffe, die sich auf bestimmte Teile eines Buchstabens oder Striche der Feder beziehen.

OBERLÄNGE: Ein Oberlängenzeichen ist jener Teil eines Buchstabens, der über die Mittellinie hinausgeht.

UNTERLÄNGE: Ein Unterlängenzeichen ist jener Teil eines Buchstabens, der unter die Grundlinie hinausgeht.

ABSTRICH: Der Abstrich ist eine Stiftbewegung. Jedes Mal, wenn der Stift in einer Abwärtsbewegung schreibt, spricht man von einem Abstrich. Der Abstrich ist fast immer dick, außer beim Monoline-Stil.

AUFSTRICH: Eine weitere Stiftbewegung, der Aufstrich, ist im Wesentlichen das Gegenteil des Abstrichs. Hier schreibt der Stift in einer Aufwärtsbewegung. Aufstriche sind immer dünn.

QUERSTRICH: Der Querstrich ist der horizontale Strich, der zur Verbindung oder Vervollständigung von Buchstaben verwendet wird. Der Querstrich beim t ist ein Beispiel dafür.

SCHNÖRKEL: Eine Verzierung ist ein sehr beliebter Schriftzug. Es ist im Grunde ein Sammelbegriff für die Verschönerung eines Buchstabens. Alle zusätzlichen Federstriche und Wirbel, die man beim Schreiben sieht, sind eine Verzierung. Die Wirbel auf dem Buchstaben g sind ein Beispiel dafür.

BUCHSTABENFORM: Die Buchstabenform bezieht sich auf die Grundform eines Buchstabens.

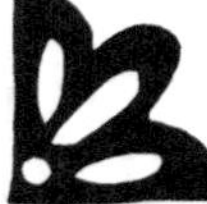

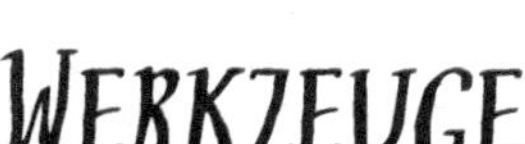

WERKZEUGE

Die Anzahl der Werkzeuge, die Sie für Handlettering verwenden können, ist schier unendlich. Man kann praktisch alles verwenden, aber es gibt einige Werkzeuge, die besser funktionieren als andere. Sie brauchen nichts Ausgefallenes oder Teures, wenn Sie es lernen, ein einfacher Bleistift, Marker und ein Stück Papier reichen aus!

BLEISTIFTE: Bleistifte sind ein gutes Hilfsmittel zum Skizzieren und eine gute Möglichkeit, Linien zur Führung der Buchstaben hinzuzufügen. Sie eignen sich hervorragend, um Ideen festzuhalten, bevor sie dauerhaft werden. Bleistifte sind ideal für Anfänger!

STIFTE: Es gibt viele verschiedene Arten von Stiften, sodass ihre Hauptqualität darin besteht, wie vielfältig sie sind. Stifte sind großartig für jede Art von Handlettering und besonders hilfreich für Anfänger. Micron-Stifte gehören zu den besten, ebenso wie alle Arten von Gel-Stiften.

MARKER: Marker sind ein weiteres grundlegendes Werkzeug für Handlettering, wiederum wegen ihrer Vielseitigkeit. Mit farbigen Markern kann man ein geschriebenes Wort sofort aufwerten. Sie eignen sich für alle Schriften, insbesondere für Anfänger. Crayola-Marker sind billig, von guter Qualität und hervorragend für Handlettering geeignet.

PINSELSTIFTE: Pinselstifte sind aufgrund ihrer flexiblen Struktur speziell für Brush Lettering geeignet. Die Pinselstifte von Tombow Fudenosuke sind eine ausgezeichnete Wahl.

AQUARELLFARBEN: Es gibt verschiedene Arten von Aquarellfarben, die Sie verwenden können, wie z. B. eine Aquarellpalette oder Aquarellstifte. Sie eignen sich gut für größere Projekte, bei denen die Linien dicker sind, oder zum Hinzufügen von Dekorationen und Hintergründen.

KREIDEN: Kreiden werden am häufigsten verwendet, um Schilder für ein Geschäft oder einen besonderen Anlass zu gestalten. Sie werden meist auf Kreidetafeln verwendet, obwohl das Experimentieren mit Kreide auf Papier ein lustiges Projekt sein könnte.

FEDERHALTER UND TINTENFASS: Diese werden für echte Kalligrafie verwendet. Sie sind etwas fortgeschrittener und nicht das Beste für Anfänger. Der Stift hat eine Metallfeder mit Kapillaren, die Tinte anziehen, wenn sie in das Tintenfass getaucht werden.

PAPIER: Das Papier, das Sie verwenden, sollte glatt sein, damit Ihr Pinselstift nicht beschädigt wird. Einige gute Optionen sind das HP Premium 32 Papier, der Rhodia Block oder der Canson XL Marker Block. Pauspapier ist ebenfalls ein nützliches Hilfsmittel, das Sie zur Hand haben sollten, um Entwürfe oder Buchstaben für zusätzliche Übungen oder zum Übertragen von Entwürfen nachzuzeichnen.

LINEAL: Ein Lineal ist ein großartiges Werkzeug, um alles einheitlich zu gestalten! Verwenden Sie es, um mit Bleistift Hilfslinien zu zeichnen, und löschen Sie diese, sobald Sie fertig sind.

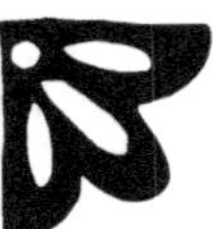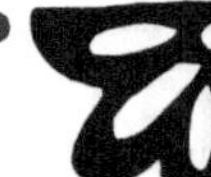

Werkzeug-Referenztabelle

Wenn Sie wissen möchten, welche Werkzeuge für einen bestimmten Stil oder eine bestimmte Fertigkeitsstufe am besten geeignet sind, ist die folgende Tabelle ein hilfreicher Leitfaden!

Werkzeug	Qualifikationsniveau	Wann zu verwenden	Möglichkeiten zur Fehlerkorrektur	Wie lange es dauert, es zu lernen
Bleistifte	Anfänger	Zum Durchpausen, Skizzieren, für erste Entwürfe, auch zum Üben von Faux Calligraphy	Einfache Korrektur von Fehlern mit einem Radiergummi	Erfordert wenig Lernzeit, leicht zu erlernen
Stifte	Anfänger	Verwendung für Monoline und Faux Calligraphy	Kann unschön werden, wenn sich die Tinte um die Schreibspitze sammelt. Versuchen Sie, einen Stift mit schnell trocknender Tinte zu verwenden, um ein Verwischen und Verschmieren zu vermeiden.	Erfordert wenig Lernzeit, leicht zu erlernen
Marker	Anfänger bis mittelschwer	Verwendung für Monoline, Faux Calligraphy, dekorative Ergänzungen	Kann unschön werden, vor allem, wenn Sie Marker auf Alkoholbasis wie Sharpies und Copic Marker verwenden. Sie sind großartige Werkzeuge, neigen aber dazu, auf die Rückseite durchzuschimmern.	Erfordert wenig bis mäßige Lernzeit, je nachdem, in welchem Stil Sie schreiben wollen. Sie müssen Ihre Marker sorgfältig auswählen, wenn Sie kleine, saubere Linien erzielen wollen.
Pinselstifte	Mäßig bis schwierig	Verwendung für Brush Lettering	Sauber und präzise, aber Fehler lassen sich nicht so leicht	Die Steuerung des Drucks, um die Dicke des Strichs zu variieren, erfordert viel Übung.
Aquarellfarben	Schwierig	Verwendung für alle Stilrichtungen, dekorative Ergänzungen	Fehler können abgedeckt werden	Erfordert viel Lernzeit und Übung
Kreiden	Anfänger bis mittelschwer	Für Monoline und Faux Calligraphy, im Allgemeinen bei der Herstellung von Schildern	Kreiderückstände und Staub können unschön sein, aber Fehler lassen sich leicht mit einem angefeuchteten Handtuch oder Wattestäbchen beheben.	Erfordert wenig bis mittlere Lernzeit
Federhalter und Tintenfass	Schwierig	Verwendung für Kalligrafie	Offene Tinte macht dieses Werkzeug sehr anspruchsvoll, Fehler können nicht abgedeckt werden.	Erfordert viel Lernzeit, sehr schwierig zu meistern

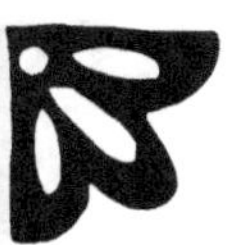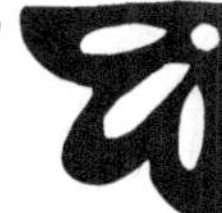

POSITION UND HALTUNG

Vielleicht denken Sie, dass Lettering ein guter Zeitvertreib ist, um auf der Couch zu sitzen und zu arbeiten. Wenn ja, denken Sie noch einmal nach! Ihre Haltung, Ihre Position, die Art und Weise, wie Sie Ihren Stift führen, wo Ihr Arm ist - all das spielt eine wichtige Rolle bei Ihren Buchstaben.

Erstens: Schreiben geht am besten am Schreibtisch. Beginnen Sie damit, aufrecht auf Ihrem Stuhl zu sitzen und beide Füße flach auf den Boden zu stellen. Sie müssen nicht kerzengerade und steif sein, aber Sie sollten auf eine gute Körperhaltung achten. Nehmen Sie die Schultern zurück und den Kopf hoch. Eine gute Faustregel lautet: Beugen Sie sich etwas vor, ohne einen Buckel zu machen.

Nun zum Griff: Halten Sie Ihren Stift zwischen Daumen und Zeigefinger und stützen Sie ihn auf den Mittelfinger. Achten Sie darauf, dass Sie den Stift in einem 45-Grad-Winkel zum Papier positionieren. Sie sollten Ihren Griff ziemlich locker halten. Achten Sie darauf, dass Ihre Finger das Schreibgerät nur stützen und ruhig halten, die meiste Bewegung macht Ihr Arm. Denken Sie daran, dass die Griffe je nach Werkzeug und Person unterschiedlich funktionieren können, sodass Sie möglicherweise etwas nachjustieren müssen - aber dies ist ein guter Ausgangspunkt!

TIPPS ZUR ERINNERUNG

1. ZEIT LASSEN

Es ist wichtig, sich beim Schreiben Zeit zu lassen. Langsam vorzugehen ist entscheidend für saubere und gleichmäßige Linien. Nehmen Sie eine bequeme Position ein, und seien Sie geduldig.

2. NEHMEN SIE IHREN STIFT ZUR HAND

Beim Schreiben ist zu beachten, dass der Stift nicht durch das ganze Wort fließt, wie bei der Schreibschrift. Nach jedem Strich, ob aufwärts oder abwärts, sollten Sie den Stift wieder neu ansetzen. Dadurch wird jeder Strich so gut wie möglich gestaltet, was das gesamte Wort optisch aufwertet.

3. ABSTÄNDE

Den Abständen kommt eine große Bedeutung zu. Der Abstand zwischen den einzelnen Buchstaben muss einheitlich sein, damit alles sauber und ordentlich aussieht. Sie können ein Lineal verwenden, um sicherzustellen, dass die Buchstaben einheitlich sind. Wenn Sie etwas Übung haben, können Sie mit den Abständen auch experimentieren!

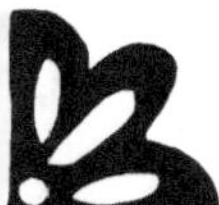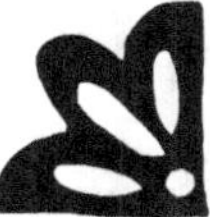

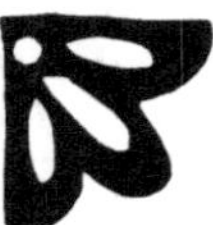

4. Handlettering für Linkshänder

Es gibt einige Möglichkeiten, das Schreiben für Linkshänder zu erleichtern. Finden Sie zunächst einen Griff, der für Sie geeignet ist. Experimentieren Sie mit verschiedenen Arten, Ihre Werkzeuge zu halten, bis Sie eine finden, die bequem und funktionell ist. Ein weiterer Tipp ist, Pauspapier unter die Hand zu legen, während Sie schreiben, um ein Verschmieren zu vermeiden. Sie können auch warten, bis die Tinte getrocknet ist. Manche Stifte und Marker trocknen schneller als andere, also experimentieren Sie mit verschiedenen Werkzeugen, um herauszufinden, was am besten funktioniert. Ein letzter Tipp: Experimentieren Sie mit der Platzierung Ihres Papiers! Es gibt keine Vorschrift, die besagt, wie das Papier positioniert sein muss. Vielleicht fällt es Ihnen leichter, das Papier etwas zu drehen, also probieren Sie es aus!

5. Entwickeln Sie Ihren Stil

Die meisten Menschen haben ihren eigenen Schriftstil, mit einer Vielzahl von Variationen. Der beste Weg, einen eigenen Stil zu entwickeln, ist, sich zunächst die Grundlagen anzueignen. Vergewissern Sie sich, dass Sie den grundlegenden Stil durchgängig beherrschen, bevor Sie weitermachen - und experimentieren Sie dann! Sie können versuchen, Ihre eigene Handschrift hinzuzufügen, Ihre Buchstaben anders zu neigen, einen Buchstaben auf eine neue Art zu schreiben, neue Werkzeuge für einzigartige Strichstärken zu verwenden - die Liste ist endlos! Probieren Sie einfach immer wieder neue Dinge aus, bis Sie etwas finden, das Ihnen wirklich gefällt. Schon bald werden Sie Ihren eigenen Stil gefunden haben.

6. Geduld und Beharrlichkeit

Seien Sie nachsichtig mit sich selbst! Es wird Zeit und Übung brauchen. Lassen Sie sich nicht entmutigen, nur weil es beim ersten Versuch nicht perfekt aussieht - oder beim zweiten oder zehnten Versuch. Ein guter Weg, um nicht frustriert zu werden, ist es, alle Übungsblätter aufzubewahren. Nach einer Weile sehen Sie sich die Übungsblätter an, die Sie beim ersten Mal benutzt haben. Es ist wirklich hilfreich und ermutigend, zu vergleichen, wie Sie begonnen haben und wo Sie jetzt stehen! Und das Wichtigste: Geben Sie nicht auf!

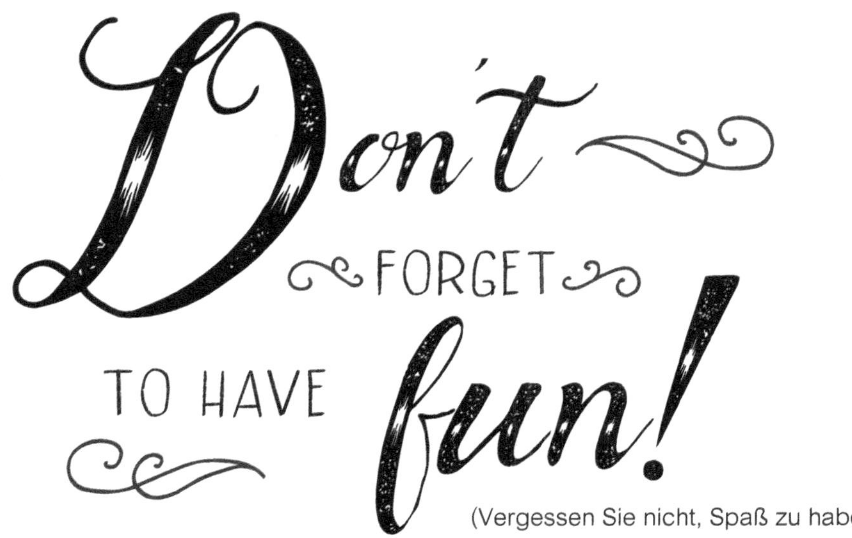

(Vergessen Sie nicht, Spaß zu haben!)

Monoline

Monoline ist eine der einfachsten Schriftstile. Sie wird in einer einheitlichen Linie ohne Gewichtsunterschiede geschrieben. Sie wird häufig auf Schildern, Logos und anderen Werbeartikeln verwendet und lässt sich am besten mit kräftigeren Stilen kombinieren. Da die Linien so einfach sind, werden oft andere Verzierungen verwendet, um interessante Details hinzuzufügen. Monoline ist auch eine gute Grundlage für das Erlernen aller anderen Schriftstile, daher sollten Sie diesen Stil unbedingt beherrschen, bevor Sie weitermachen!

Die besten Werkzeuge für Monoline sind jene, die eine gleichmäßige Linie ergeben. Stifte, Bleistifte und Marker sind die ideale Wahl.

Aa Bb Cc Dd Ee Ff
Gg Hh Ii Jj Kk Ll
Mm Nn Oo Pp Qq Rr
Ss Tt Uu Vv Ww Xx
Yy Zz Ää Öö Üü ß

Um die Monoline-Technik zu erlernen, schreiben Sie einfach über die Übungsseiten und folgen Sie dabei der Pfeilrichtung. Sie können mit jedem Werkzeug experimentieren und jede Strichstärke ausprobieren, die Sie möchten. Das Wichtigste ist, dass Sie eine gleichmäßige Linie erhalten. Setzen Sie nach jedem Strich ab und beginnen Sie die neue Linie dort, wo die letzte endet - und vor allem: Lassen Sie sich Zeit!

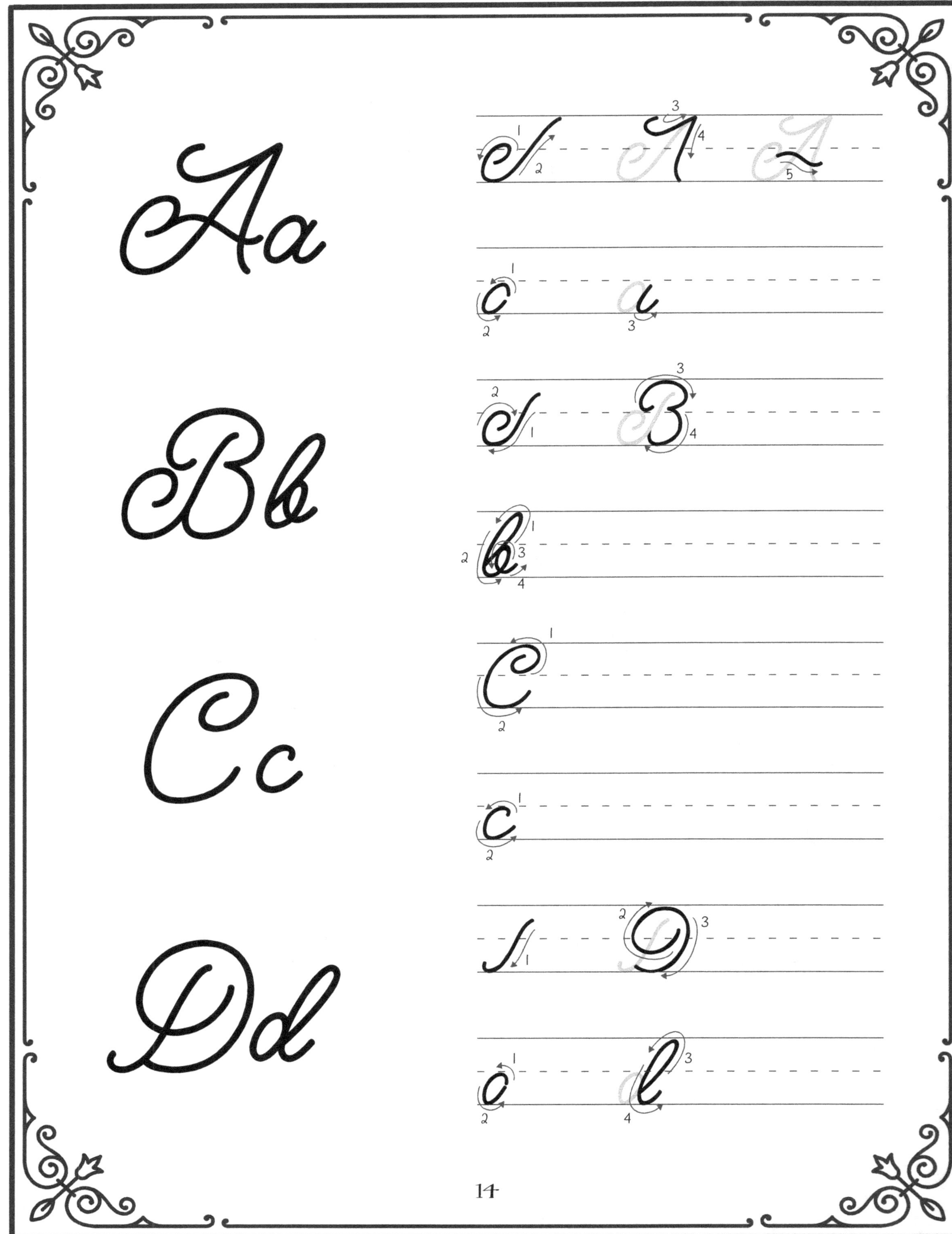

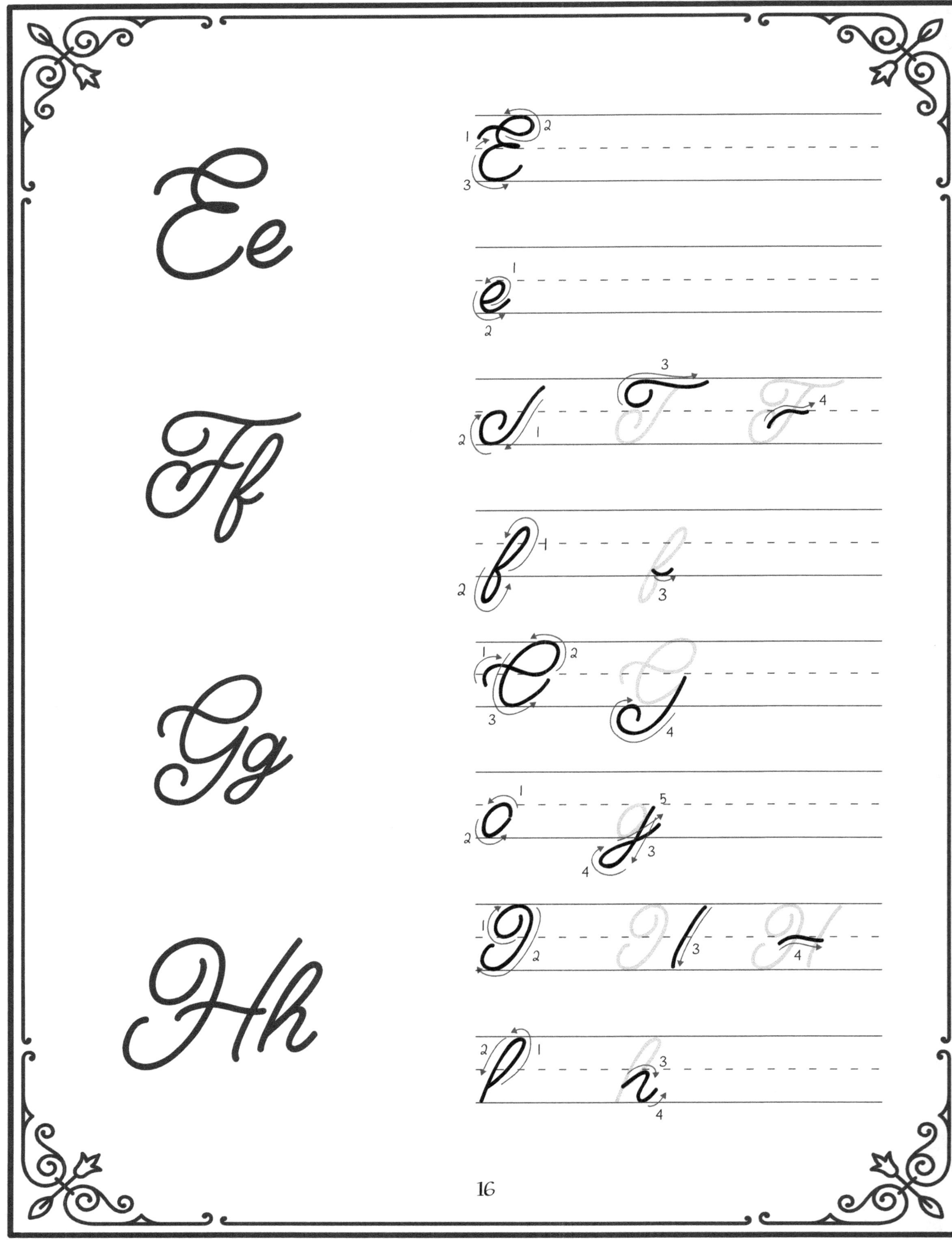

Ee

Ff

Gg

Hh

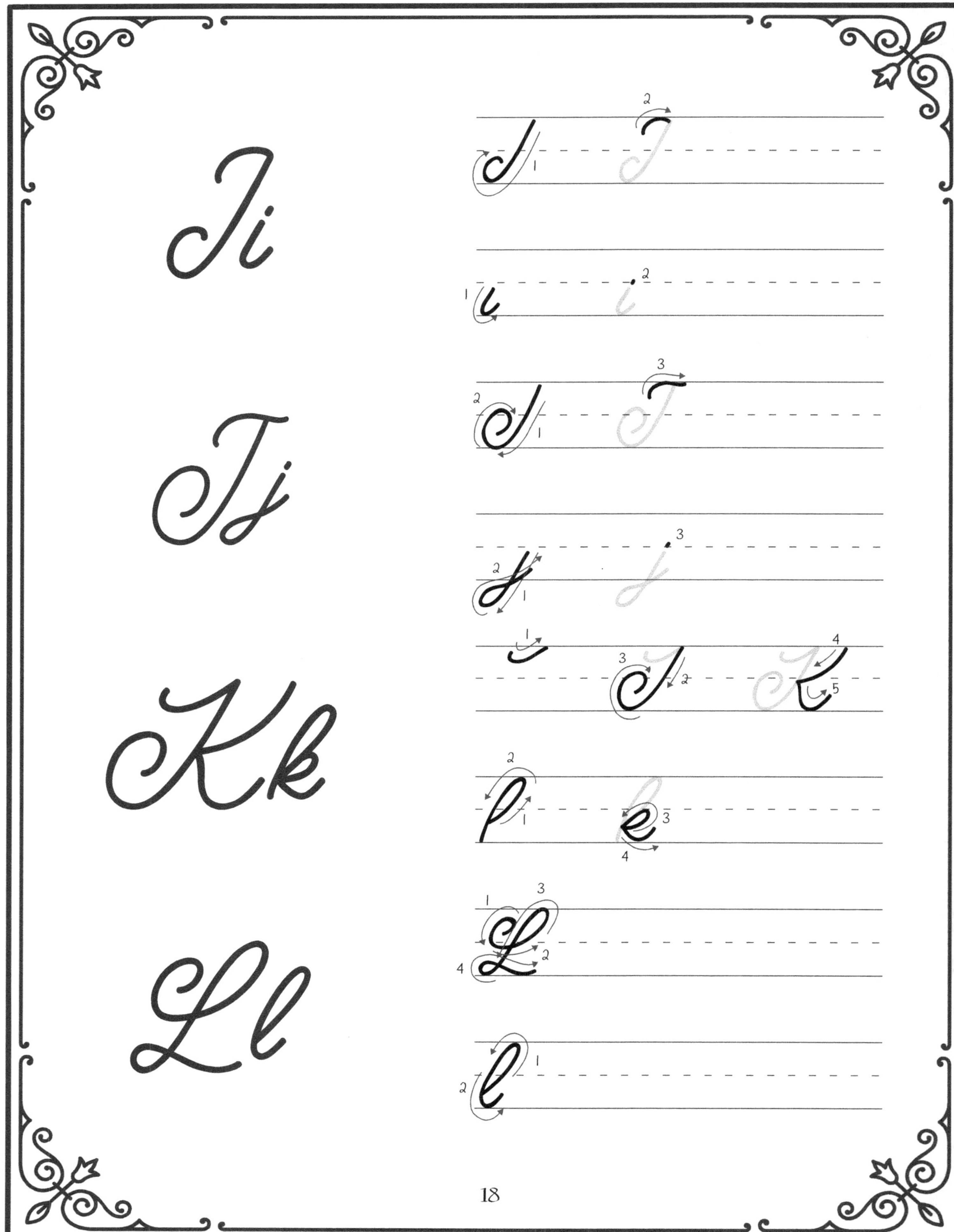

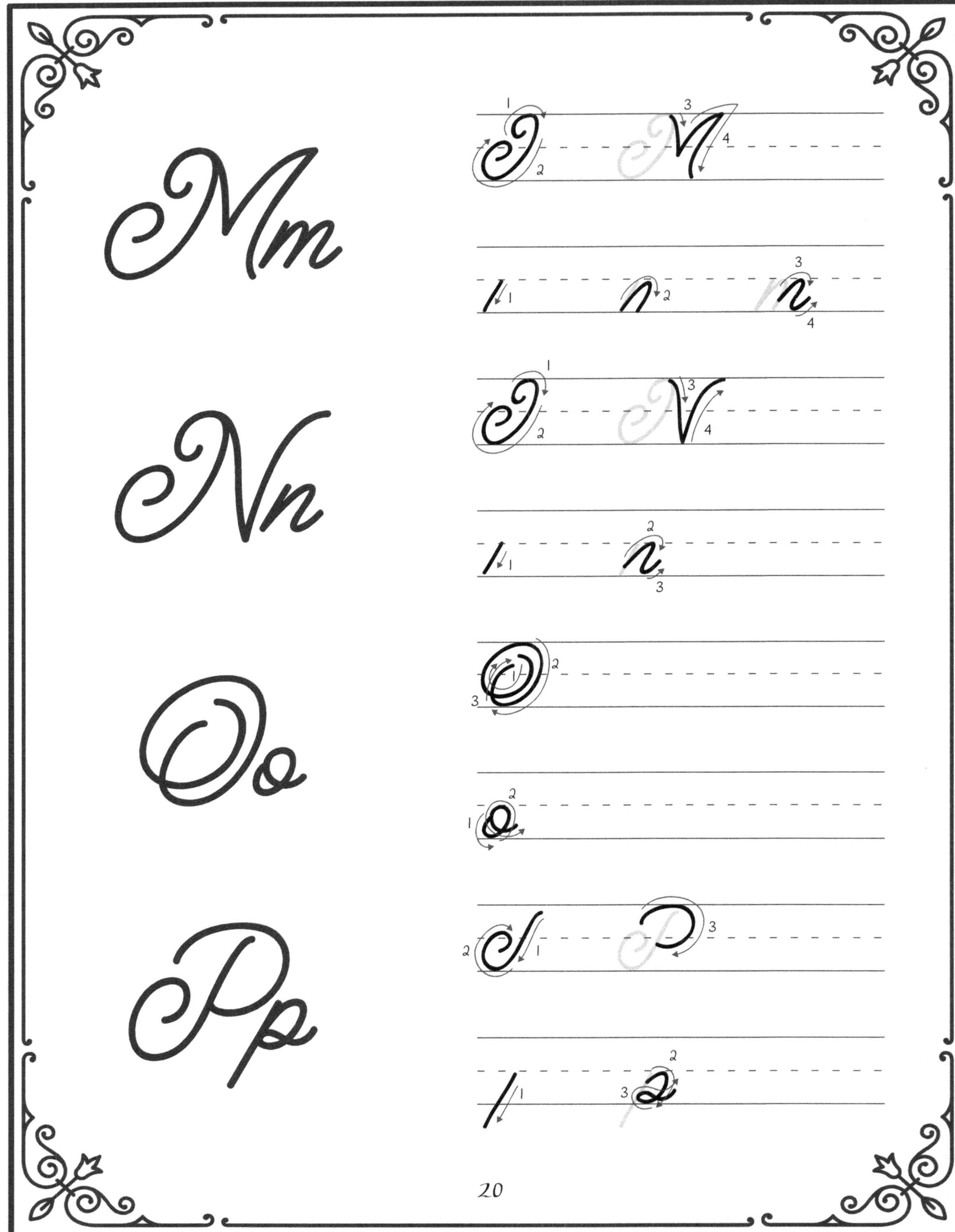

Mm
Nn
Oo
Pp

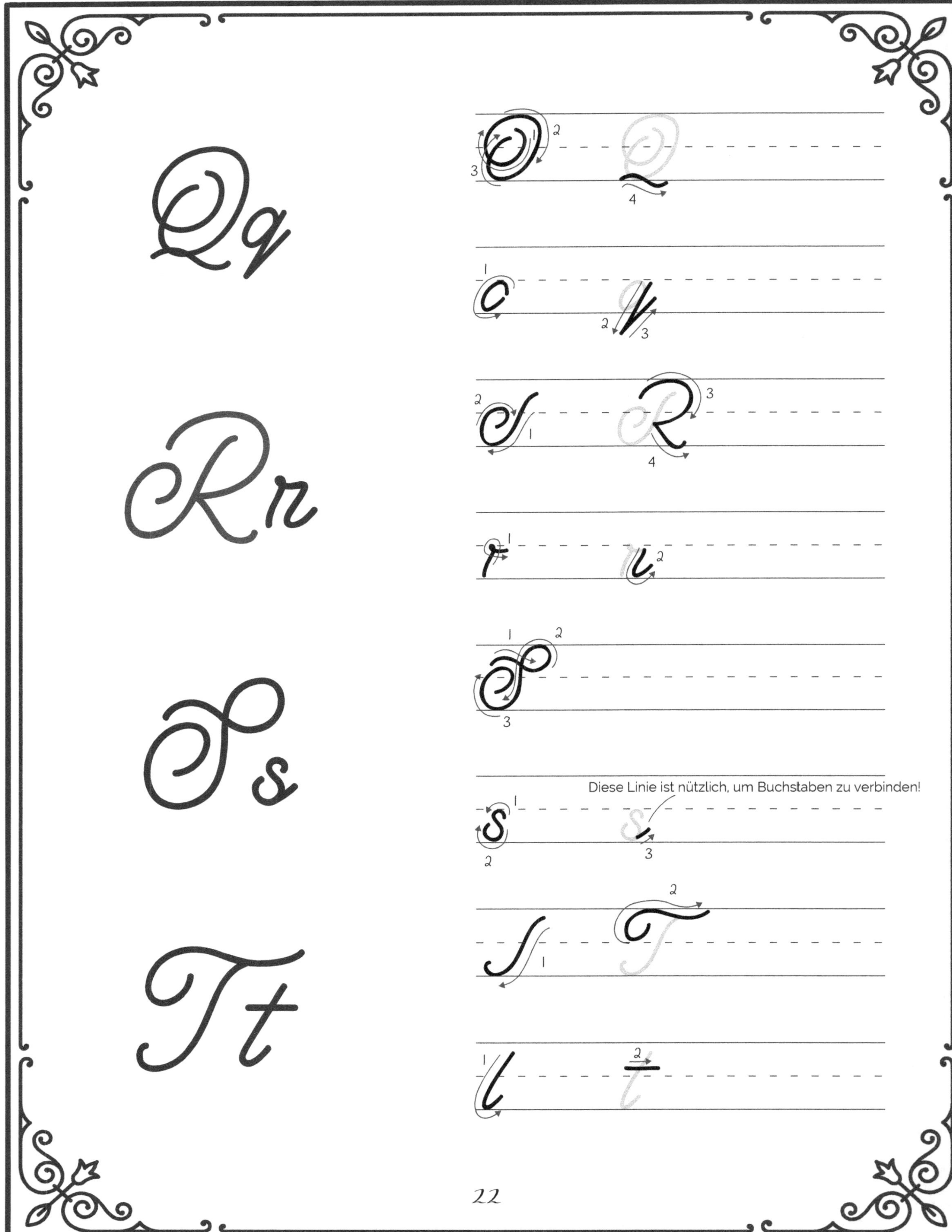

Qq
Rr
Ss
Tt
Diese Linie ist nützlich, um Buchstaben zu verbinden!

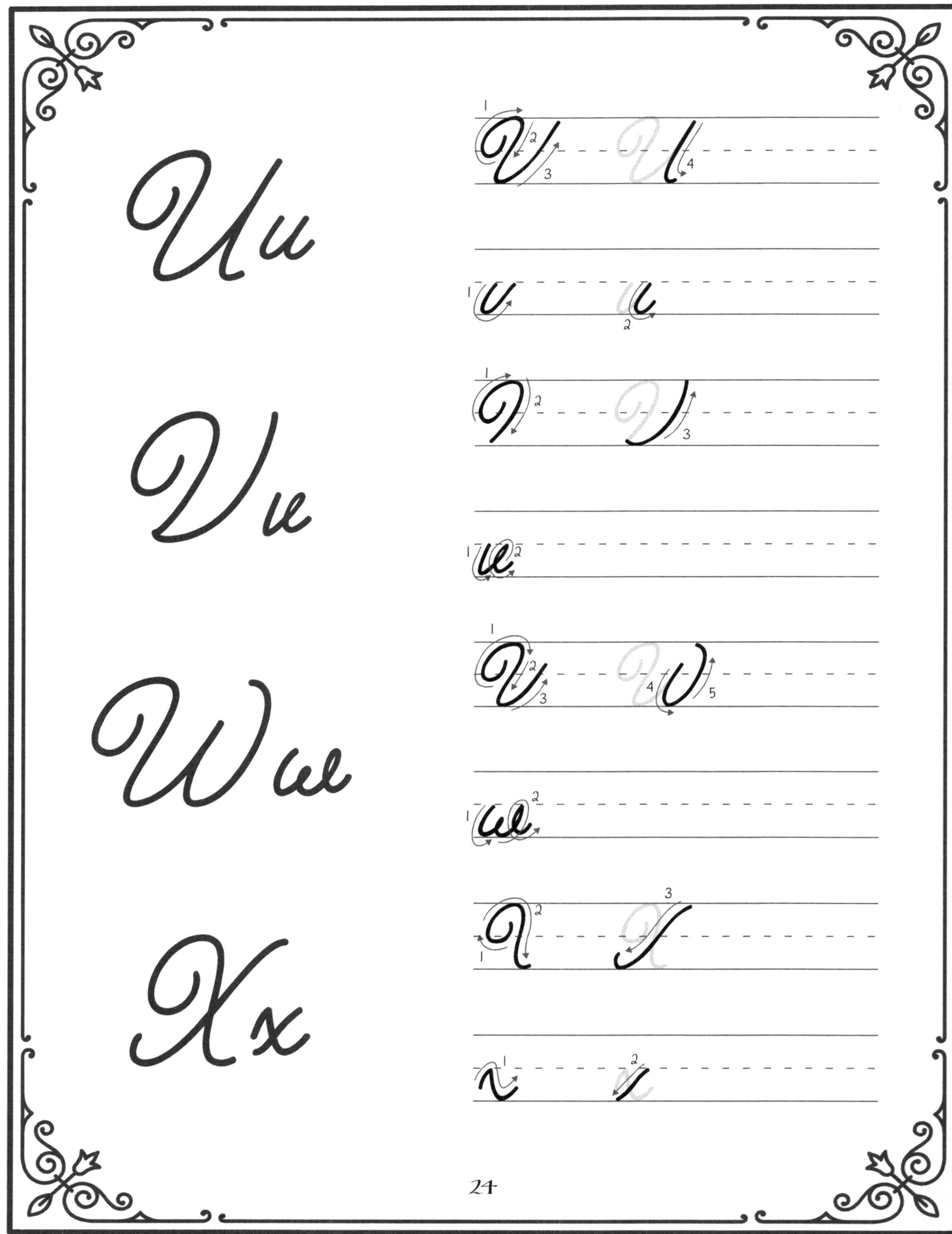

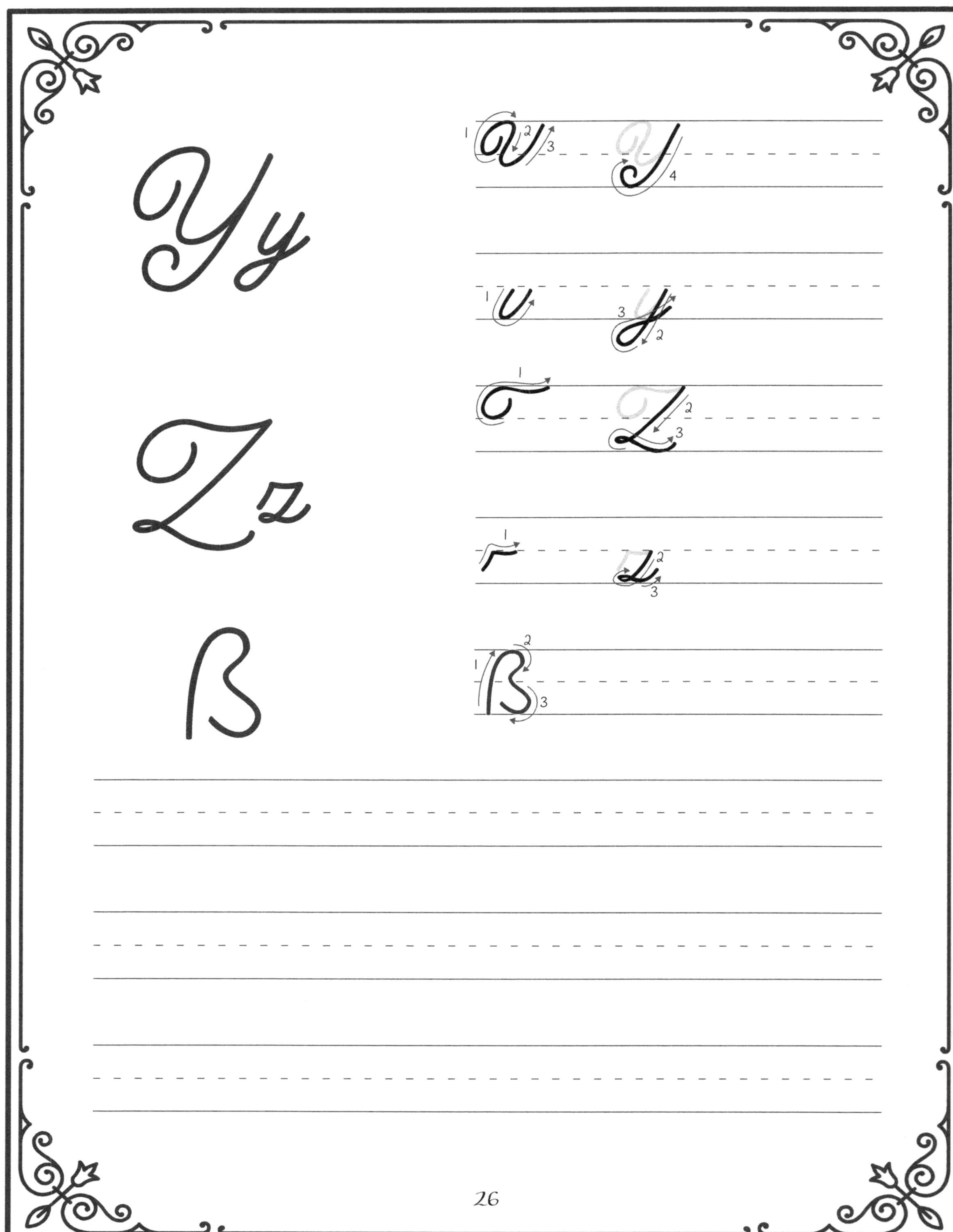

Yy

Zz

ß

Üben Sie hier!

Faux Calligraphy

Faux Calligraphy ist ein Schriftstil, der genau so erstellt wird, wie er klingt: Es ist Fake Kalligrafie! Dies ist eine Möglichkeit, die Schönheit der Kalligrafie zu erreichen, ohne die zeitraubende Arbeit, die Regeln und Werkzeuge zu lernen. Diese Art von Schrift ist im Allgemeinen sehr fließend und ähnelt sowohl der Schreibschrift als auch der Kalligrafie. Aufgrund ihrer Vielseitigkeit ist sie eine der am häufigsten verwendeten Schriftstile. Sie können praktisch jedes Werkzeug auf jeder Oberfläche verwenden! Von Glas über Holz bis hin zu Stoff - alles ist möglich.

Die besten Werkzeuge für Faux Calligraphy sind Stifte und Marker. Sie können aber auch mit einem Bleistift anfangen! Die meisten anderen Werkzeuge können auch verwendet werden, aber die genannten sind für den Anfang am einfachsten.

Aa Bb Cc Dd Ee Ff

Gg Hh Ii Jj Kk Ll

Mm Nn Oo Pp Qq Rr

Ss Tt Uu Vv Ww Xx

Yy Zz Ää Öö Üü ß

Wie Faux Calligraphy gemacht wird

Wir beginnen mit der Erläuterung der Schreibweise am Beispiel des Buchstabens a.

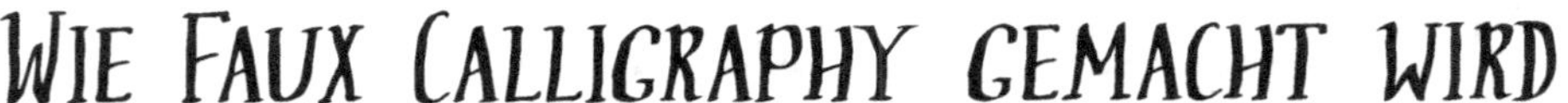

- Beginnen Sie bei 1 und zeichnen Sie eine offene ovale Form zwischen der Mittellinie und der Grundlinie. Ziehen Sie leicht nach oben, sobald Sie die Grundlinie erreicht haben, und stoppen Sie dann. Heben Sie den Stift an.

- Beginnen Sie bei 3 und verbinden Sie eine "u"-Form mit dem Oval, sodass ein a entsteht. Glückwunsch, Sie haben den ersten Teil geschafft!

- Um den Buchstaben zu einem offiziellen Kalligrafie-Buchstaben zu machen, fangen Sie wieder mit der ovalen Form an, und zwar bei 4. Ziehen Sie eine weitere Linie neben der ersten, indem Sie den Stift nach unten bewegen. Machen Sie das Gleiche ab 5 und fügen Sie der bestehenden Linie Gewicht hinzu.

- Sie können den leeren Raum zwischen den Zeilen offen lassen oder ihn ausfüllen. Sehen Sie, Sie haben nun ein a!

Grundstriche der Faux Calligraphy

Bevor wir uns an das Zeichnen ganzer Buchstaben machen, ist es am besten, die Grundstriche allein zu üben, um sich mit diesem Schriftstil vertraut zu machen. Beginnen Sie beim Üben immer mit dem Stift bei 1 und folgen Sie der Richtung der Pfeile. Denken Sie daran, dass jede Abwärtsbewegung des Stifts ein Abstrich ist, und dass Sie diesen Strich verdicken. Auf den Übungsseiten bleibt der Raum zwischen den Linien offen, sodass Sie entscheiden können, ob Sie ihn ausfüllen wollen oder nicht.

GRUNDSTRICHE DER FAUX CALLIGRAPHY

Wenn Sie sich mit den grundlegenden Strichen vertraut gemacht haben, ist es an der Zeit, das Ganze zusammen-
zusetzen! Befolgen Sie die gleichen Anweisungen für die Arbeit am Alphabet, denken Sie an die zuvor besprochenen Tipps
und haben Sie Geduld mit sich selbst! Nehmen Sie sich so viel Zeit, wie Sie brauchen, um das Faux Calligraphy-Alphabet
wirklich zu beherrschen!

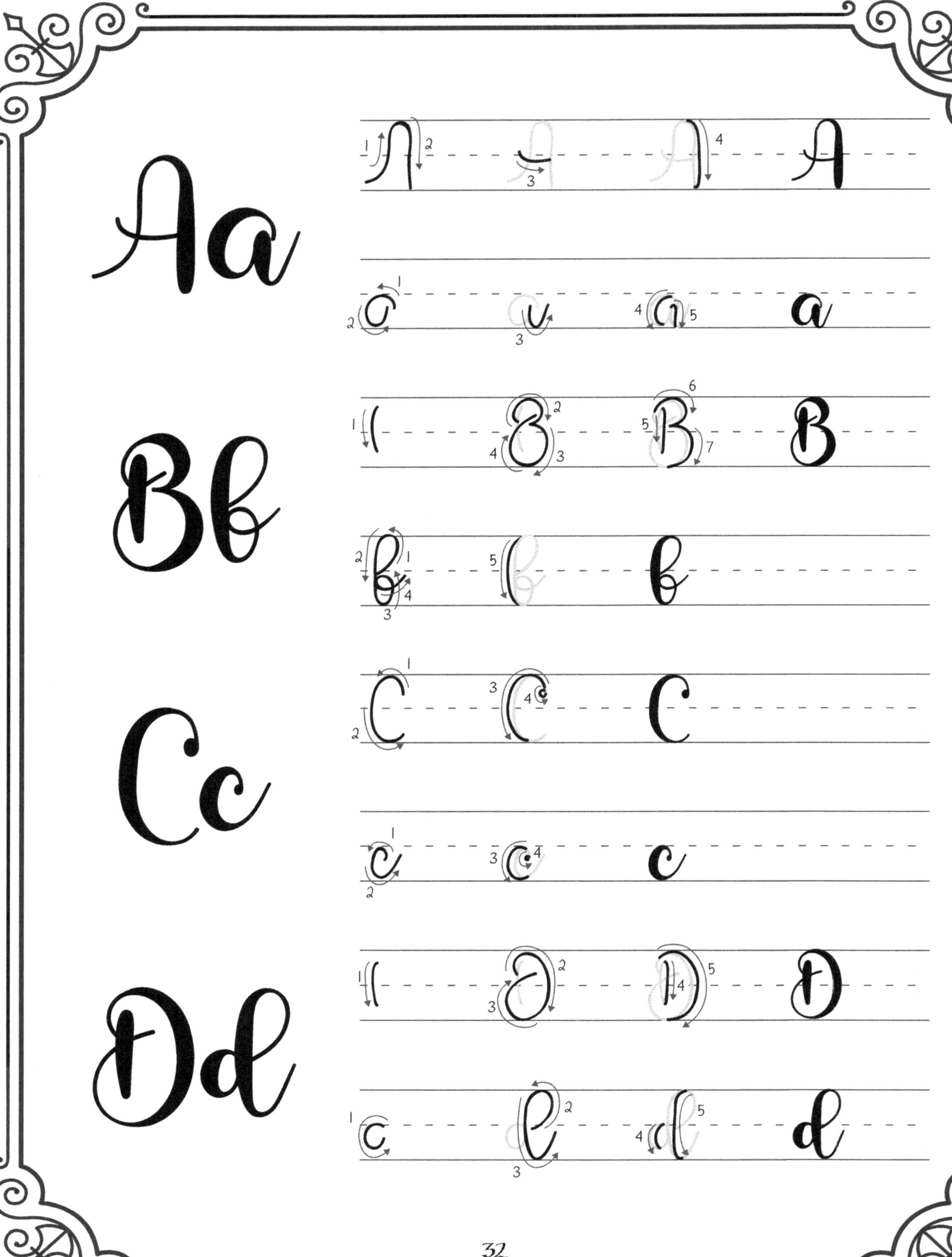

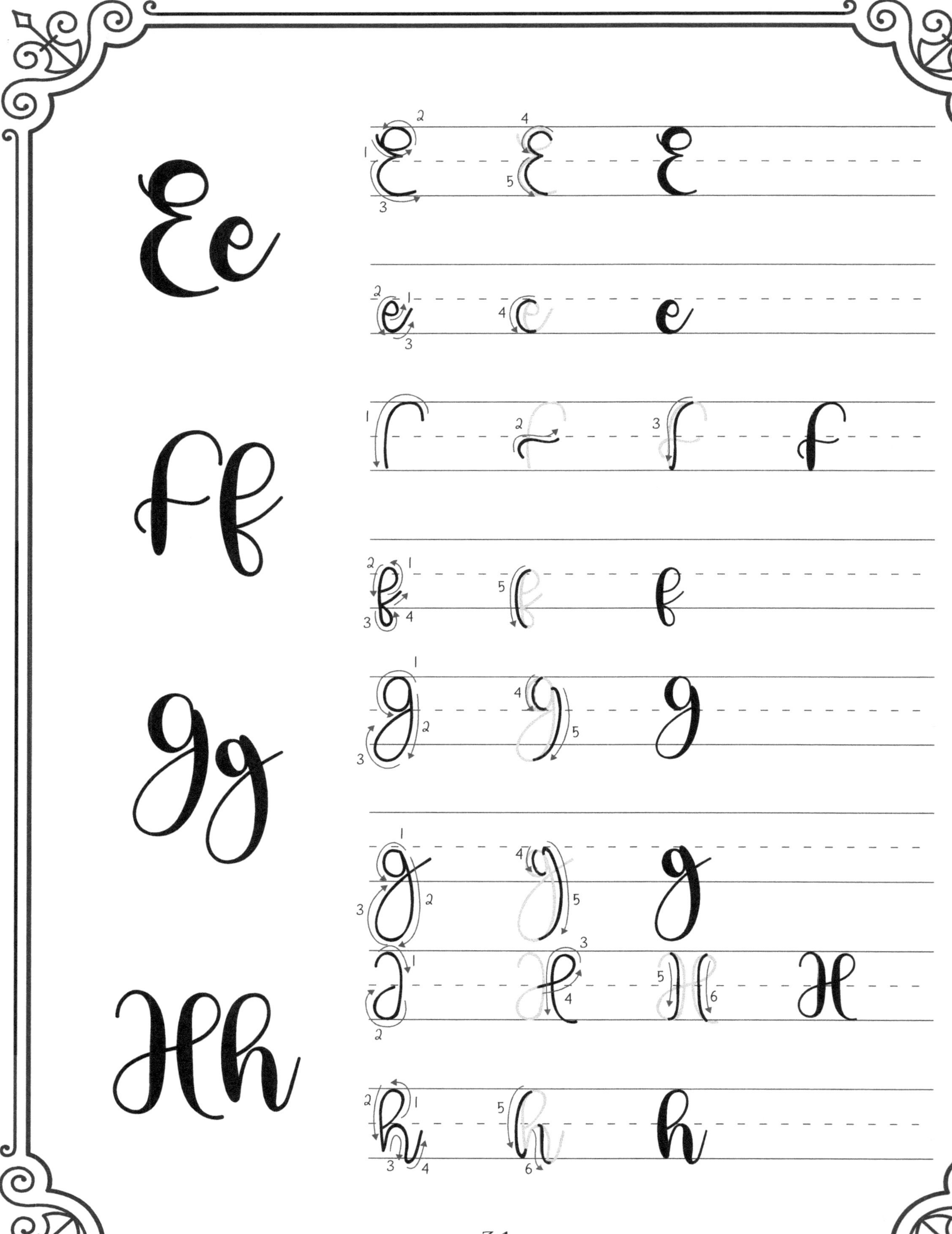

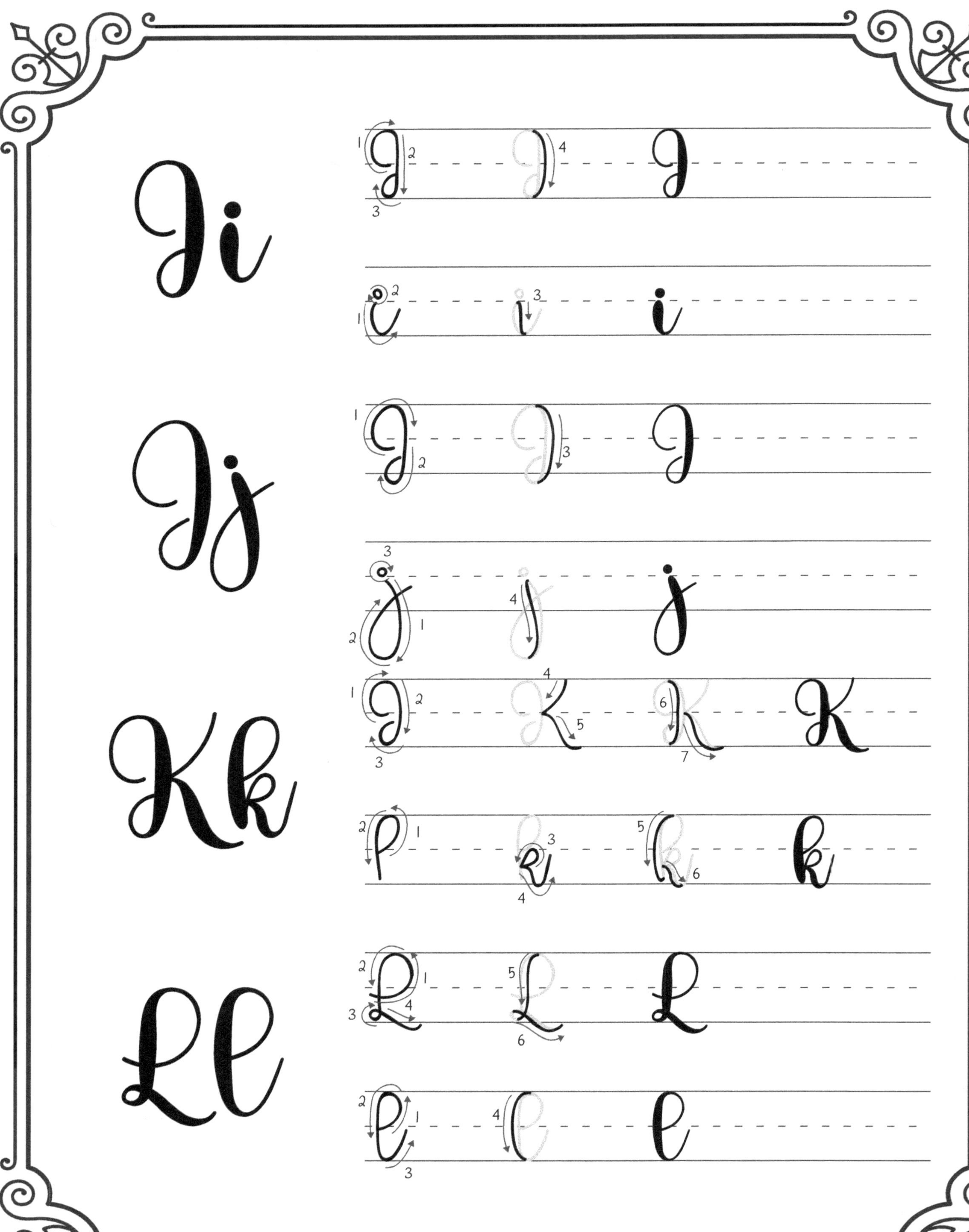

Mm

Nn

Oo

Pp

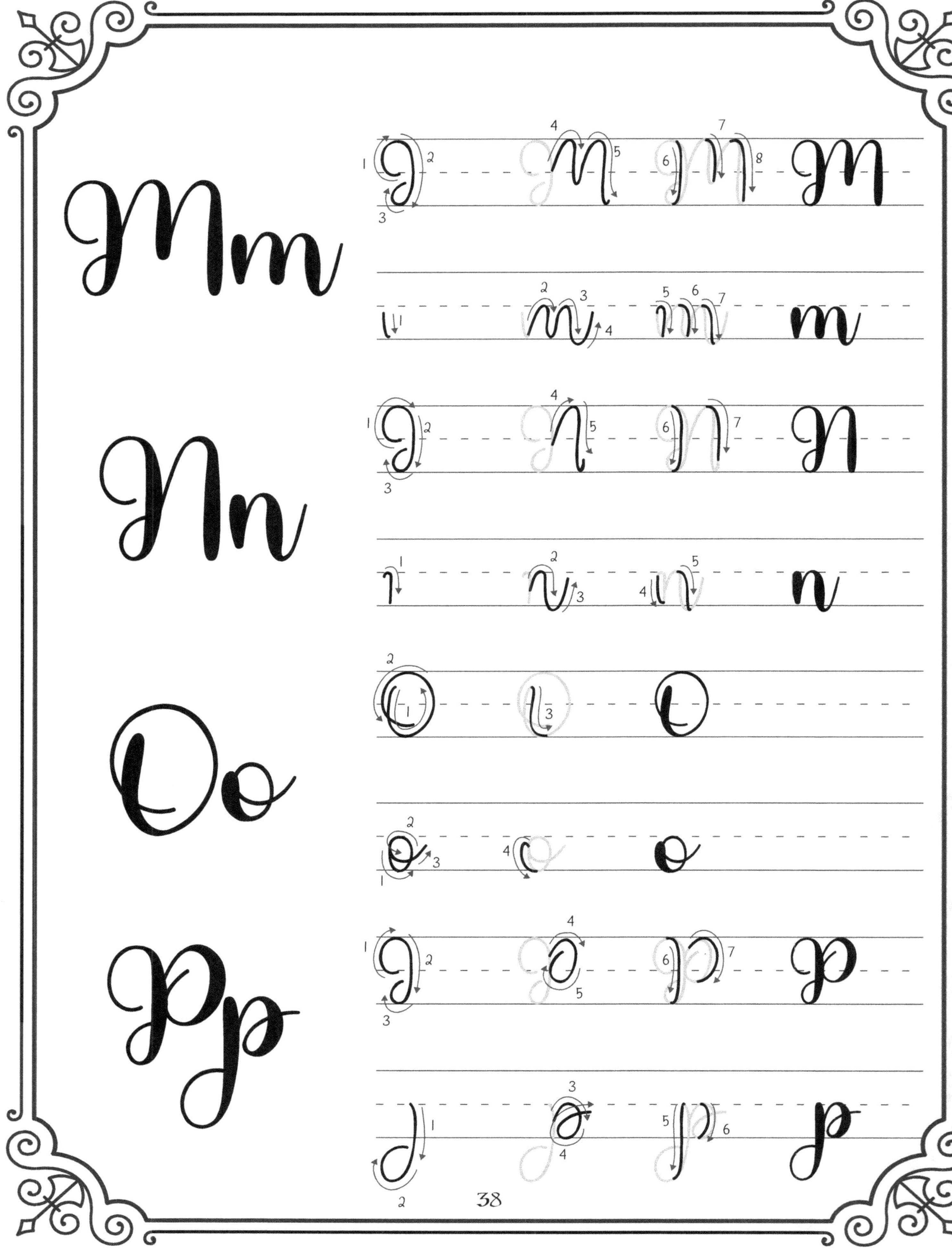

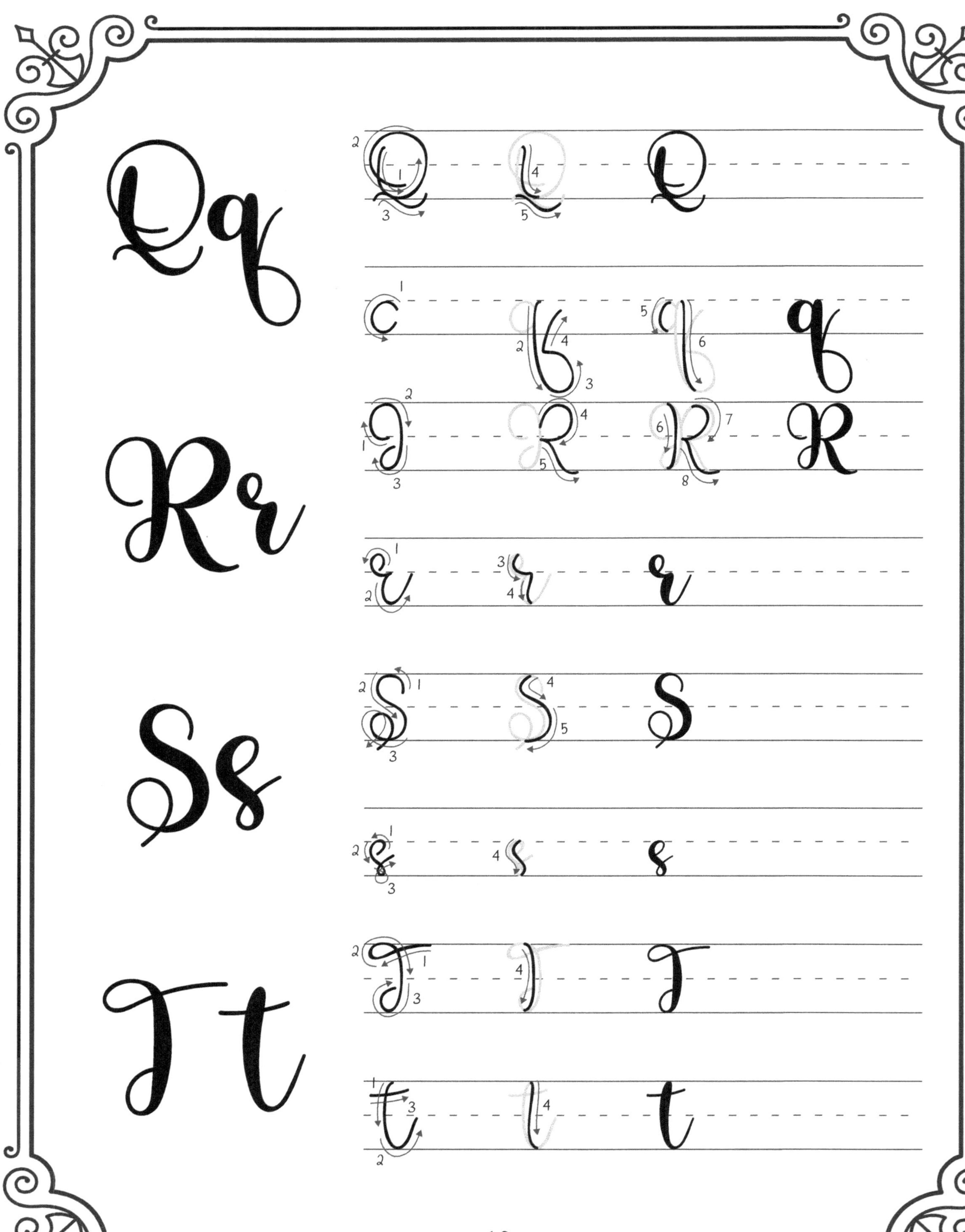

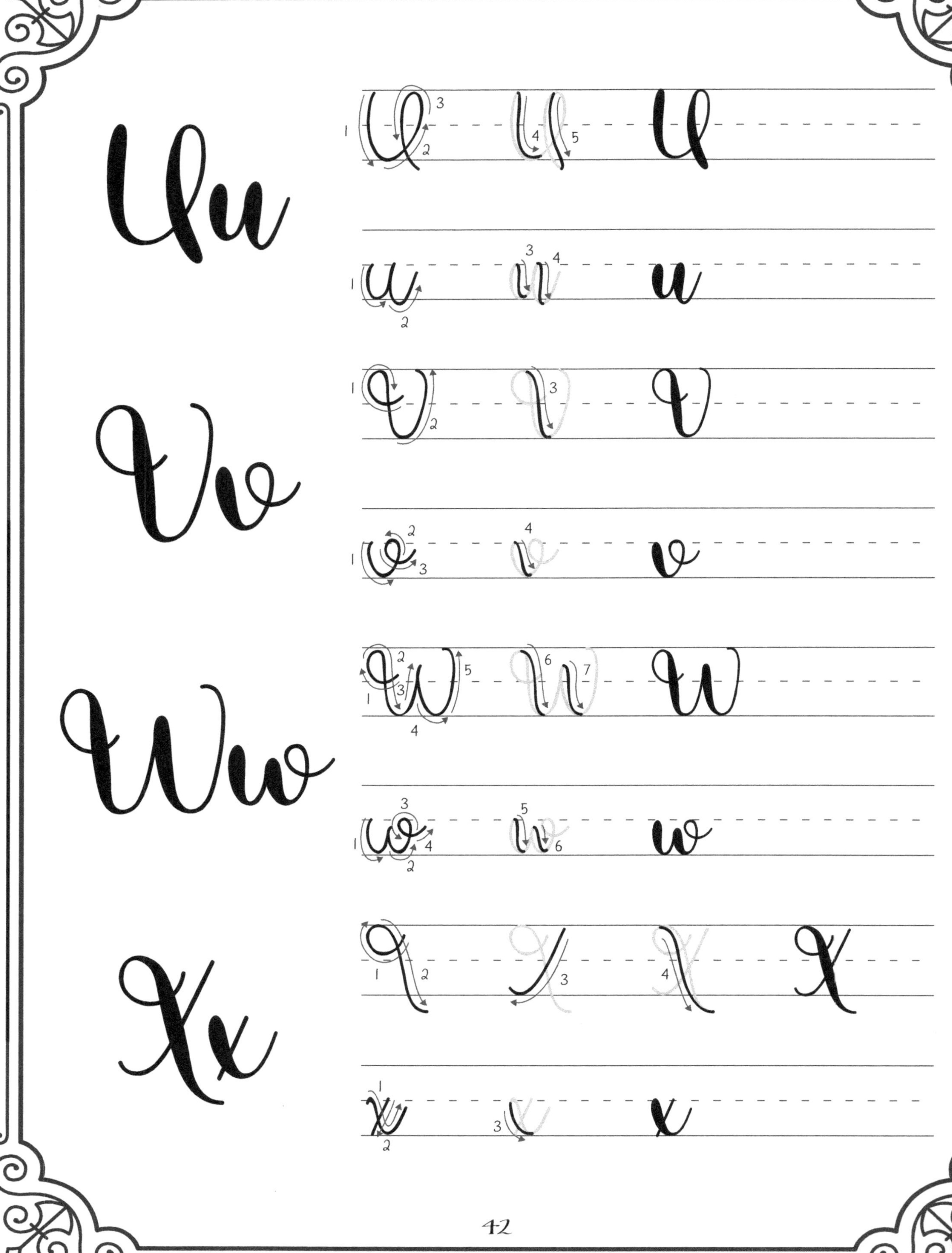

Уу

Зӡ

В

Brush Lettering

Brush Lettering ist der Bereich, bei dem wir ein wenig fortgeschrittener werden. Es ist hilfreich, wenn Sie mit Monoline und Faux Calligraphy vertraut sind, bevor Sie zu Brush Lettering übergehen, da Sie auf den Fähigkeiten aufbauen, die Sie mit diesen Stilen gelernt haben. Brush Lettering wird häufig bei formelleren oder ausgefalleneren Schriftzügen verwendet, z. B. bei Hochzeitseinladungen oder Abschlussfeierlichkeiten.

Beim Brush Lettering wird eine spezielle Technik verwendet, um die Linien zu variieren: der Druck auf den Stift wird erhöht oder verringert, anstatt zusätzliche Linien hinzuzufügen, wie es beim Faux Calligraphy der Fall ist. Der Stift wird zwischen den Strichen immer noch angehoben, um eine bessere Kontrolle über jeden einzelnen Buchstaben zu erhalten und konsistent zu bleiben. Für die eigentliche Schrift wird in der Regel ein Pinselstift verwendet. Es können auch Farbe und ein flexibler Pinsel verwendet werden, die jedoch schwieriger zu handhaben sind.

Aa Bb Cc Dd Ee Ff

Gg Hh Ii Jj Kk Ll

Mm Nn Oo Pp Qq Rr

Ss Tt Uu Vv Ww Xx

Yy Zz Ää Öö Üü ß

Die 8 Grundstriche
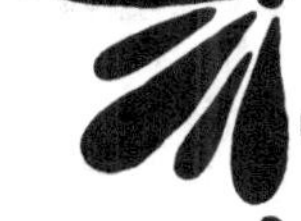

Aufstrich

Beginnen Sie mit dem Pinselstift unten und ziehen Sie eine Linie nach oben. Denken Sie daran, keinen Druck auszuüben, damit Sie eine schöne, dünne Linie erhalten.

Abstrich

Beginnen Sie oben und ziehen Sie eine Linie nach unten. Üben Sie diesmal mehr Druck aus und drücken Sie den Pinselstift etwas mehr nach unten, um die Linie dicker zu machen. Je mehr Druck Sie ausüben, desto dicker wird die Linie.

Oberbogen

Beginnen Sie unten und ziehen Sie einen gebogenen Aufstrich. Ohne anzuhalten, biegen Sie die Linie in einen Abstrich und erhöhen Sie den Druck, um die dicke Linie zu erhalten. Dies ist eine schwierige Aufgabe, da Sie den Druck während des Strichs ändern müssen. Gehen Sie langsam vor und üben Sie weiter!

Unterbogen

Der Unterbogen ist das Gegenteil des Oberbogens. Beginnen Sie oben und ziehen Sie eine gebogene Abwärtsbewegung. Vergessen Sie den Druck nicht! Lassen Sie unten den Druck los und ziehen Sie einen geschwungenen Strich nach oben. Denken Sie daran, den Stift während des gesamten Strichs in Bewegung zu halten. Gehen Sie je nach Bedarf langsam vor, aber nicht zu langsam, da Ihre Hand sonst zittrig wird.

Mischbogen

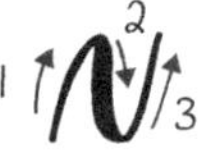

Der Mischbogen ist ein Strich, der häufig verwendet wird, um Buchstaben zu verbinden. Denken Sie daran, dass der Stift nicht abgesetzt wird und sich während des gesamten Strichs weiterbewegt. Beginnen Sie links unten und ziehen Sie einen gebogenen Aufstrich, gefolgt von einem geschwungenen Abstrich, dann kommt wieder ein Aufstrich. Denken Sie daran, dass der Abstrich dick und der Aufstrich dünn sein sollte, sodass Sie am Ende zwei dünne Striche und einen dicken Strich in der Mitte haben.

Oval

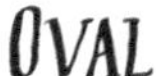

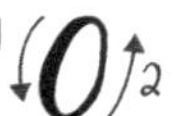

Ein Oval ist einfach ein länglicher Kreis mit Linienvariationen. Beginnen Sie oben und zeichnen Sie einen geschwungenen Abstrich. Lassen Sie unten den Druck nach und zeichnen Sie einen geschwungenen Aufstrich, der nicht endet, sondern sich wieder mit dem Abstrich oben verbindet.

Aufsteigende Schleife

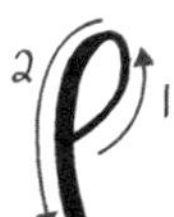

Die aufsteigende Schleife wird für Buchstaben verwendet, die oberhalb der Mittellinie liegen, wie z. B. h, b, d und so weiter. Positionieren Sie Ihren Stift etwa in der Mitte über der Stelle, an der der Strich enden soll. Beginnen Sie mit einem gebogenen Aufstrich und zeichnen Sie eine ovale Form. Bewegen Sie den Stift dann weiter und beenden Sie die Schleife mit einem geraden Abstrich. Die aufsteigende Schleife ist fast immer mit einem weiteren Strich verbunden, damit sich ein vollständiger Buchstabe ergibt.

Absteigende Schleife

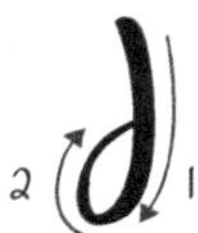

Die absteigende Schleife folgt der gleichen Grundidee wie die aufsteigende Schleife. Es ist ebenfalls ein Strich, der einen Buchstaben abschließt, und der Strich fällt immer unter die Grundlinie. Sie wird bei Buchstaben wie g und y verwendet, oft in Verbindung mit Schnörkel.

Setzen Sie den Stift in der Mitte des gewünschten Zeichens an und ziehen Sie einen nach unten gerichteten Strich, der am Ende einen Bogen macht. Halten Sie den Stift in Bewegung, lassen Sie den Druck los und ziehen Sie einen gebogenen Aufstrich. Am Ende sollten Sie eine ovale, geschlossene Form haben.

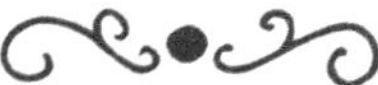

Wenn Sie sich mit den verschiedenen Strichen vertraut gemacht haben, können Sie auf den nächsten Seiten weiter üben! Bei Bedarf können Sie auch auf die Erklärungen zurückgreifen.

Grundstriche

Das Brush Lettering-Alphabet kann ein bisschen schwieriger sein. Mit so vielen verschiedenen Strichen und Begriffen ist es eine Herausforderung! Dieser Abschnitt soll Ihnen ein wenig mehr Klarheit verschaffen, indem er Sie durch die einzelnen Buchstaben führt.

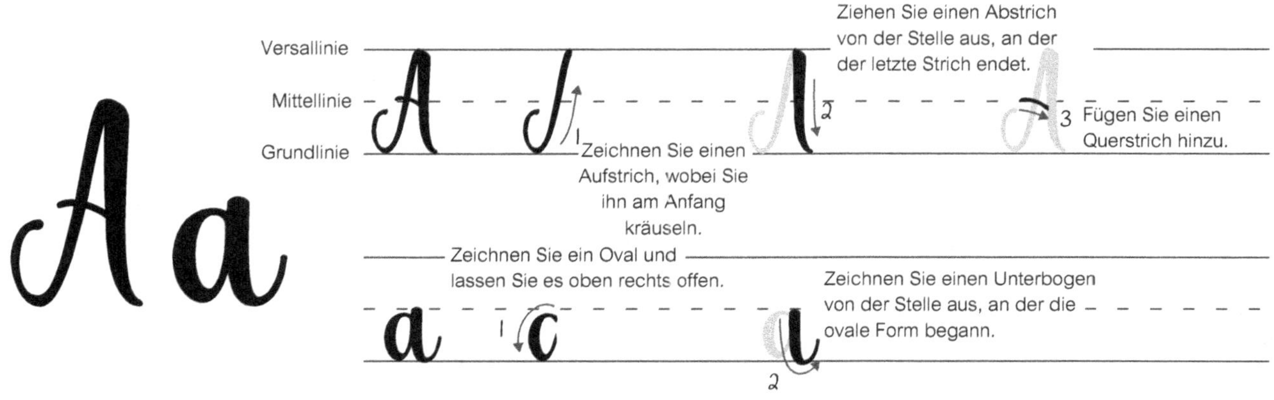

Versallinie

Mittellinie

Grundlinie

Ziehen Sie einen Abstrich von der Stelle aus, an der der letzte Strich endet.

Zeichnen Sie einen Aufstrich, wobei Sie ihn am Anfang kräuseln.

3 Fügen Sie einen Querstrich hinzu.

Zeichnen Sie ein Oval und lassen Sie es oben rechts offen.

Zeichnen Sie einen Unterbogen von der Stelle aus, an der die ovale Form begann.

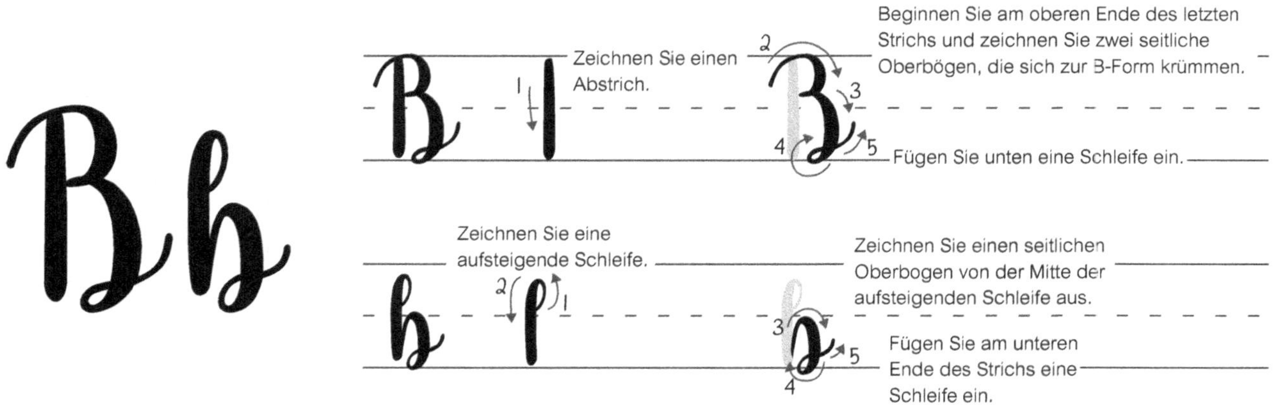

Zeichnen Sie einen Abstrich.

Beginnen Sie am oberen Ende des letzten Strichs und zeichnen Sie zwei seitliche Oberbögen, die sich zur B-Form krümmen.

Fügen Sie unten eine Schleife ein.

Zeichnen Sie eine aufsteigende Schleife.

Zeichnen Sie einen seitlichen Oberbogen von der Mitte der aufsteigenden Schleife aus.

Fügen Sie am unteren Ende des Strichs eine Schleife ein.

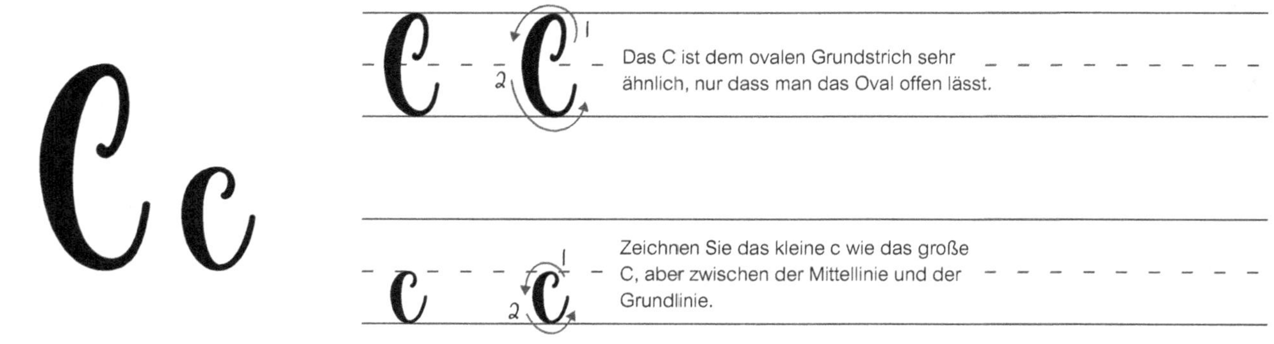

Das C ist dem ovalen Grundstrich sehr ähnlich, nur dass man das Oval offen lässt.

Zeichnen Sie das kleine c wie das große C, aber zwischen der Mittellinie und der Grundlinie.

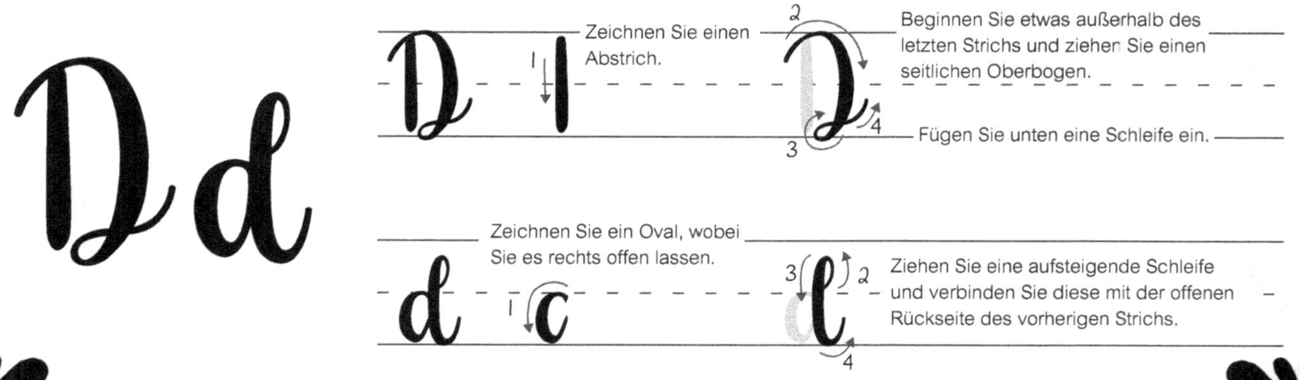

Zeichnen Sie einen Abstrich.

Beginnen Sie etwas außerhalb des letzten Strichs und ziehen Sie einen seitlichen Oberbogen.

Fügen Sie unten eine Schleife ein.

Zeichnen Sie ein Oval, wobei Sie es rechts offen lassen.

Ziehen Sie eine aufsteigende Schleife und verbinden Sie diese mit der offenen Rückseite des vorherigen Strichs.

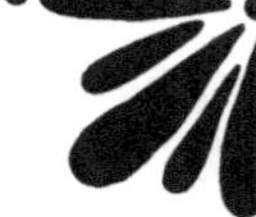

E e

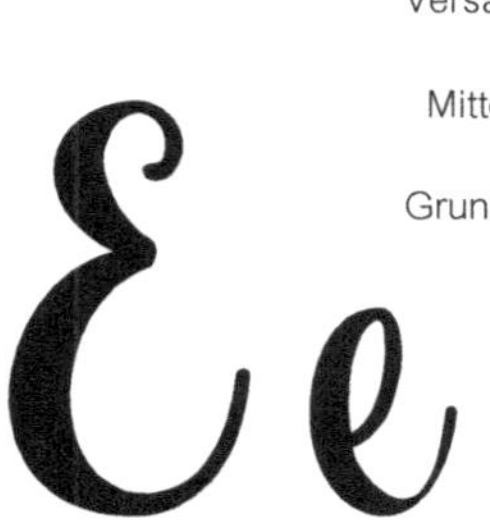

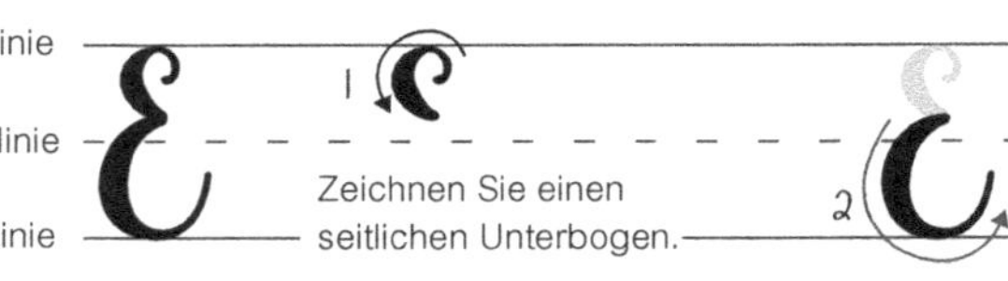

Versallinie

Mittellinie

Grundlinie

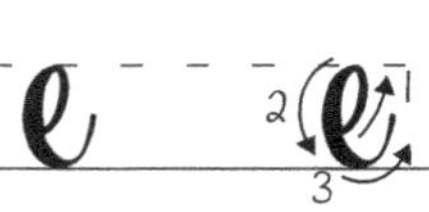

Zeichnen Sie einen seitlichen Unterbogen.

Beginnen Sie an der Stelle, an der der letzte Strich endet, und schließen Sie einen weiteren seitlichen Unterbogen an, der diesmal größer ist.

Zeichnen Sie eine kleine aufsteigende Schleife, die unterhalb der Mittellinie bleibt und dessen Ende nach oben führt.

F f

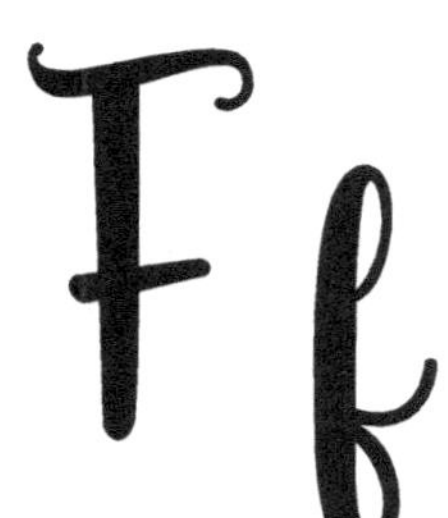

Zeichnen Sie einen Abstrich.

Zeichnen Sie einen leicht gebogenen Querstrich an der Versallinie.

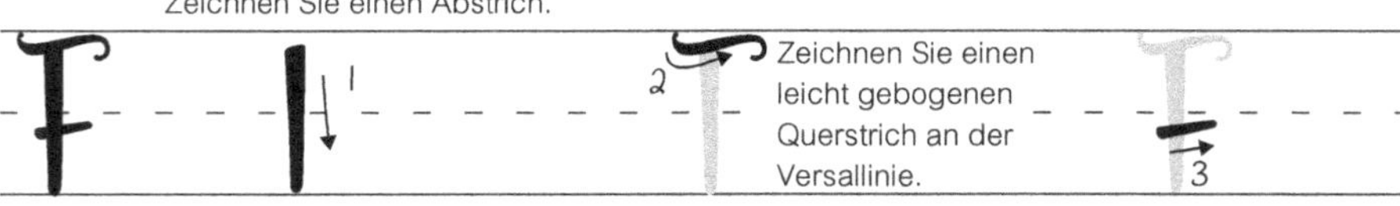

Fügen Sie einen weiteren Querstrich an der Mittellinie hinzu.

Fügen Sie einen kleinen Aufstrich hinzu, der vom Buchstaben ausgeht.

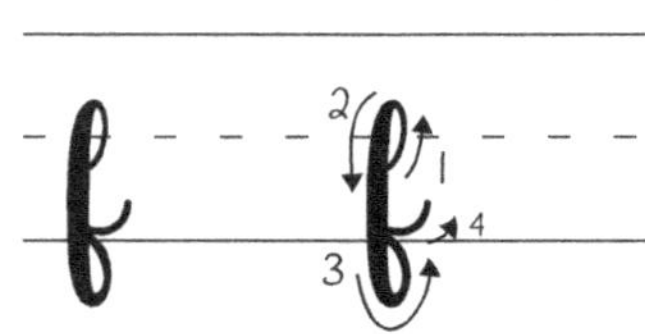

Zerlegen Sie den Kleinbuchstaben "f" in Grundstriche und zeichnen Sie zunächst eine aufsteigende Schleife.

Beginnen Sie dort, wo der letzte Strich endet, und ziehen Sie eine absteigende Schleife, die Sie an der Grundlinie schließen. Üben Sie, die beiden Striche zu verbinden, ohne den Stift zwischendurch abzusetzen!

G g

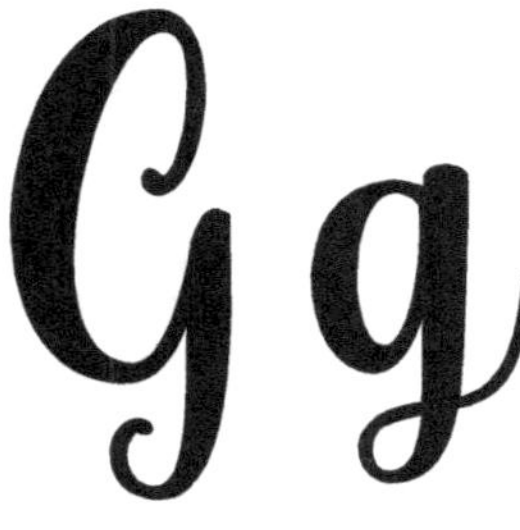

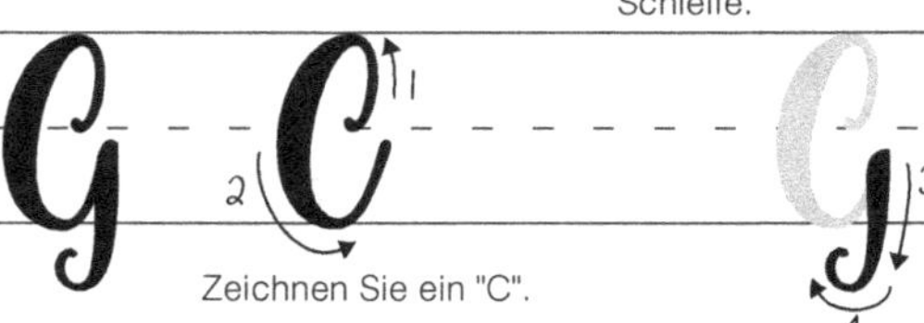

Fügen Sie eine absteigende Schleife hinzu, die an der Stelle beginnt, an der der letzte Strich endet.

Zeichnen Sie ein "C".

Zeichnen Sie ein Oval, wobei Sie es rechts offen lassen.

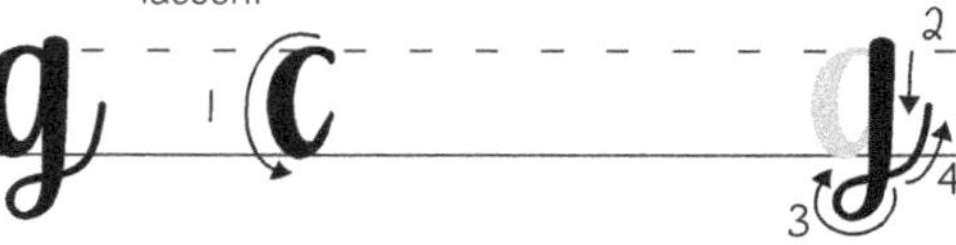

Fügen Sie eine absteigende Schleife hinzu, die am oberen Ende des letzten Strichs beginnt und etwas über der Grundlinie ausläuft.

H h

Zeichnen Sie einen Abstrich.

Fügen Sie einen Querstrich hinzu.

Wiederholen Sie den Vorgang, wobei Sie die Linien mit etwas Abstand anordnen.

Zeichnen Sie eine aufsteigende Schleife.

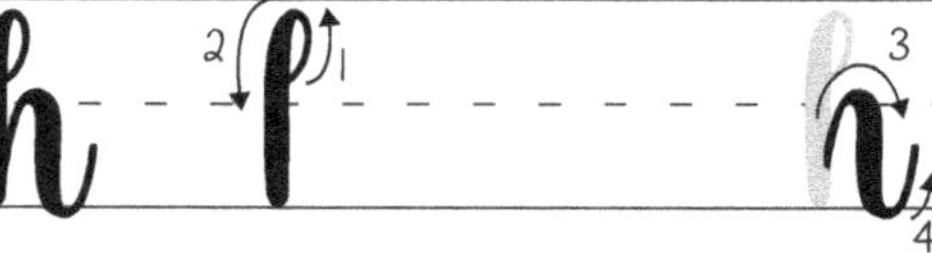

Beginnen Sie etwa in der Mitte des letzten Strichs und zeichnen Sie einen Mischbogen.

Versallinie
Mittellinie
Grundlinie

I — Zeichnen Sie einen Abstrich. — Fügen Sie oben und unten einen kleinen Querstrich ein.

i — Zeichnen Sie einen Unterbogen, der knapp über der Grundlinie endet. — Fügen Sie einen Punkt darüber ein.

J — Zeichnen Sie eine absteigende Schleife. — Fügen Sie oben einen leicht gebogenen Querstrich hinzu.

j — Ziehen Sie eine absteigende Schleife, indem Sie sie kräuseln und das Ende nach oben führen. — Fügen Sie einen Punkt darüber ein.

K — Zeichnen Sie einen Abstrich. — Zeichnen Sie einen weiteren Abstrich, der gekrümmt ist und sich an der Mittellinie mit dem ersten Strich verbindet. Beginnen Sie dort, wo der letzte Strich endet, und zeichnen Sie einen weiteren ähnlichen Abstrich.

k — Zeichnen Sie eine aufsteigende Schleife. — Fügen Sie auf halber Höhe des Strichs ein kleines Oval hinzu, das an der gleichen Stelle beginnt und sich dort fortsetzt. — Verbinden Sie das Oval und zeichnen Sie einen Unterbogen.

L — Zeichnen Sie eine aufsteigende Schleife. — Beginnen Sie dort, wo der letzte Strich endet, und ziehen Sie eine Schleife. Üben Sie, die beiden Striche zu verbinden, ohne den Stift zwischendurch abzusetzen.

l — Zeichnen Sie eine aufsteigende Schleife. — Den Schwanz etwas höher auslaufen lassen.

Gehen Sie zum letzten Strich zurück und ziehen Sie einen Abstrich.

Versallinie

Mittellinie

Grundlinie

Zeichnen Sie einen Aufstrich, mit einem Bogen am unteren Ende.

Beginnen Sie dort, wo der letzte Strich endet, und ziehen Sie einen Abstrich, dann wieder einen Aufstrich.

Zeichnen Sie ab der Hälfte des letzten Strichs einen Mischbogen.

Zeichnen Sie einen Abstrich.

Beginnen Sie dort, wo der letzte Strich endet, und zeichnen Sie einen Oberbogen.

Zeichnen Sie einen Aufstrich, mit einem Bogen am unteren Ende.

Beginnen Sie dort, wo der letzte Strich endet, und ziehen Sie einen Abstrich.

Von der Versallinie ausgehend, ziehen Sie einen Abstrich, der mit dem Ende des letzten Strichs verbunden ist.

Zeichnen Sie einen Abstrich.

Beginnen Sie am unteren Ende des letzten Strichs und zeichnen Sie einen Mischbogen.

Zeichnen Sie ein Oval und fügen Sie am Ende eine Linie hinzu, die teilweise durch die Mitte des Buchstabens geht.

Zeichnen Sie ein Oval mit einer Linie, die durch den Buchstaben auf die andere Seite führt und am Ende leicht gebogen ist. Diese Linie ist nützlich, wenn Sie Ihre Buchstaben miteinander verbinden.

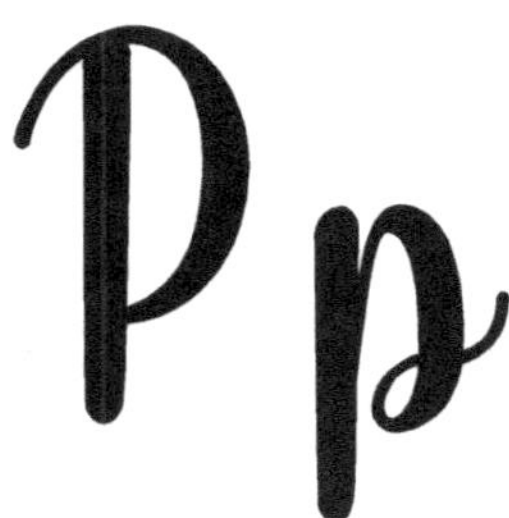

Zeichnen Sie einen Abstrich.

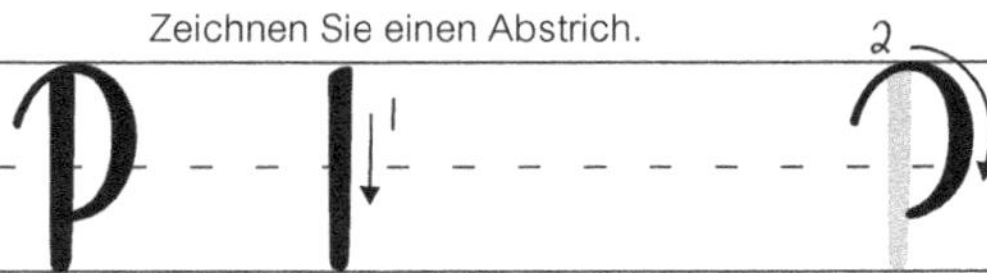

Beginnen Sie etwas außerhalb des letzten Strichs und ziehen Sie einen seitlichen Oberbogen, den Sie auf halber Strecke des letzten Strichs anschließen.

Beginnen Sie mit dem letzten Strich und ziehen Sie einen Oberbogen, den Sie auf halber Strecke des letzten Strichs verbinden.

Zeichnen Sie einen Abstrich.

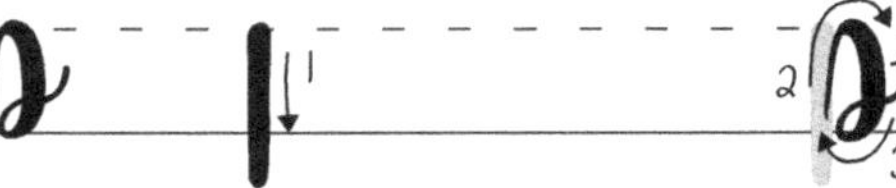

Fügen Sie eine Schleife hinzu, die aus dem Buchstaben herauskommt.

Dieser Buchstabe sieht fast genauso aus wie ein großes "O", der einzige Unterschied ist ein abfallender Querstrich am unteren Ende des Buchstabens.

Versallinie

Mittellinie — Zeichnen Sie ein Oval und fügen Sie einen Querstrich hinzu.

Grundlinie

Zeichnen Sie ein Oval, wobei Sie es rechts offen lassen.

Zeichnen Sie, ausgehend vom oberen Ende des letzten Strichs, eine absteigende Schleife.

Fügen Sie einen kleinen Strich hinzu, der vom Buchstaben ausgeht.

Zeichnen Sie einen Abstrich.

Beginnen Sie etwas außerhalb des letzten Strichs und zeichnen Sie einen Oberbogen, der in der Mitte des letzten Strichs anschließt.

Zeichnen Sie einen Abstrich.

Ziehen Sie an der Mittellinie eine kleine horizontale Linie.

Zeichnen Sie einen kleinen Aufstrich.

Beginnen Sie am Ende der waagerechten Linie und zeichnen Sie einen Unterbogen, wobei Sie ihn früher beenden, als Sie es normalerweise tun würden.

Ziehen Sie eine aufsteigende Schlaufe und setzen Sie sie in eine absteigende Schlaufe fort.

Zeichnen Sie wie bei einem großen "S", nur in kleinerem Maßstab.

Am Ende geht die Linie durch den Buchstaben und verbindet ihn mit dem nächsten Buchstaben.

Zeichnen Sie einen Abstrich.

Zeichnen Sie einen leicht gebogenen Querstrich.

Ziehen Sie einen Abstrich, wobei das Ende nach oben ausläuft.

Fügen Sie einen Querstrich am oberen Ende des Buchstabens ein.

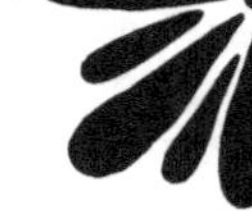

Versallinie — Mittellinie — Grundlinie

Zeichnen Sie einen Unterbogen.

Zeichnen Sie einen Abstrich und verbinden Sie ihn mit dem Unterbogen.

Ähnlich wie das große "U", nur kleiner und mit etwas höherem Schwanz.

Zeichnen Sie einen schräggestellten Abstrich.

Beginnen Sie am Ende des letzten Strichs mit einem schrägen Aufstrich.

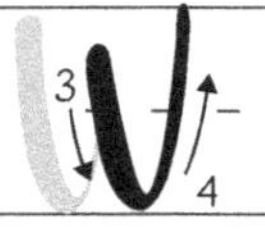

Zeichnen Sie wie bei einem großen "V", allerdings in kleinerem Maßstab und mit einer Schleife und einem Schwanz.

Ziehen Sie einen Unterbogen und beenden Sie ihn früher, als Sie es normalerweise tun würden.

Beginnen Sie dort und verbinden ihn mit einem weiteren Unterbogen.

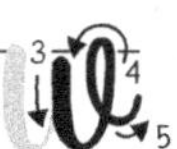

Zeichnen Sie wie bei einem großen "W", nur in kleinerem Maßstab.

Fügen Sie am Ende eine Schleife ein.

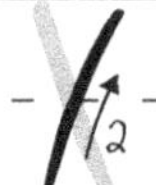

Zeichnen Sie einen schrägen Abstrich.

Beginnen Sie an der Grundlinie und ziehen Sie einen Aufstrich schräg in die entgegengesetzte Richtung, wobei Sie den ersten Strich an der Mittellinie kreuzen.

Zeichnen Sie einen geschwungenen Abstrich.

Beginnen Sie an der Grundlinie und ziehen Sie einen Aufstrich, schräg in die entgegengesetzte Richtung, der den ersten Strich in der Mitte kreuzt.

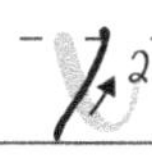

Versallinie

Zeichnen Sie einen Unterbogen.

Mittellinie

Grundlinie

Ziehen Sie vom Ende des letzten Strichs ausgehend eine absteigende Schleife.

Zeichnen Sie einen Unterbogen.

Vom Ende des letzten Strichs ausgehend, ziehen Sie eine absteigende Schleife, wobei Sie das Ende etwas höher auslaufen lassen.

Ziehen Sie einen horizontalen Strich an der Versallinie.

Zeichnen Sie einen schrägen Abstrich, der mit dem letzten Strich verbunden ist.

Ziehen Sie einen weiteren horizontalen Strich an der Grundlinie.

Beginnen Sie an der Stelle, an der der letzte Strich endet, und ziehen Sie einen Schwanz, dem Sie eine Schleife hinzufügen.

Zeichnen Sie einen Oberbogen.

Zeichnen Sie eine weitere Kurve, diesmal mit einer Schleife am unteren Ende.

Ziehen Sie einen Aufstrich und schwingen Sie nach rechts unten ab, wenn Sie die Versallinie erreichen, wobei Sie Druck ausüben.

Üben Sie hier!

Verbundene Buchstaben

Nachdem Sie sich nun mit dem Alphabet vertraut gemacht haben, ist es an der Zeit, die Buchstaben miteinander zu verbinden.

Am Beispiel des Wortes "happy" können wir einige wichtige Punkte erkennen, wenn es um die Verbindung von Buchstaben geht. Die Buchstaben sollten alle auf ähnliche Weise miteinander verbunden sein. Die Verbindungskurve zwischen dem h und dem a hat eine ähnliche Länge und Form wie zwischen den anderen Buchstaben. Auch die Abstände zwischen den Buchstaben sollten einheitlich sein. Beim Wort "happy" haben alle Buchstaben ungefähr den gleichen Abstand zueinander.

Viele Buchstaben gehen natürlich ineinander über, aber das ist nicht immer der Fall. Buchstaben enden und beginnen an unterschiedlichen Stellen: manche auf der Mittellinie, andere auf der Grundlinie - und manche Buchstaben haben keinen klaren Verbindungspunkt. Versuchen Sie in diesem Fall, mehrere Möglichkeiten zu finden, die Buchstaben zu verbinden, und wählen Sie Ihren Favoriten aus. Hier sind ein paar Beispiele.

Verbindung von O und M:

om   om

Verbindung von E und R:

er   er

Zu viele Schleifenverbindungen sollten vermieden werden, da sie verwirrend sein können. Wie die nachstehenden Beispiele zeigen, kann es aufgrund der vielen Schleifen schwierig werden, zu erkennen, welcher Buchstabe welcher ist.

Verbindung von V und R:

vr   →   vr   vr

Sie müssen auch nicht alle Buchstaben miteinander verbinden. Manchmal sieht es besser aus, wenn man sie getrennt lässt.

Verbundene Buchstaben

Nutzen Sie die nächsten Seiten, um einige einfache Verbindungen zu üben!

ah

du

fe

br

er

vr

yr

wr

ki

pe

ph

ox

ll

mm

nn

ss

Verbundene Buchstaben

Wenn Sie diese kurzen Verbindungen geübt haben, können Sie folgende längere Wörter ausprobieren, um mehr zu üben!

mut

bunt

Spaß

Liebe

schön

Leben

Sonne

segnen

Wunsch

Anmut

sommer

kreativ

glauben

träumen

glücklich

einfachheit

Hoffnung

weihnachten

wochenende

zusammen

Schnörkel

Schnörkel sind nicht einfach zu beherrschen, aber die Mühe lohnt sich. Sie sind eine gute Möglichkeit, ein Wort noch schöner aussehen zu lassen oder es von anderen Wörtern abzuheben. Schnörkel können einfach oder komplex sein - es liegt ganz an Ihnen!

Es kann von Vorteil sein, wenn Sie schon früh mit dem Üben von Schnörkeln beginnen. Wenn Sie dann mit einigen Schriftarten vertraut sind, können Sie sofort Schnörkel hinzufügen!

Denken Sie beim Hinzufügen von Schnörkeln daran - wie bei allen anderen Schriftzügen auch -, Ihren Griff leicht zu halten. Bewegen Sie den ganzen Arm und nicht nur die Finger, sonst können Ihre Linien verwackeln - vor allem bei größeren Schnörkeln. Was die Linien selbst betrifft, so sollten Sie nicht zwei dicke Linien kreuzen und nicht versuchen, zu viel in einen kleinen Raum zu packen.

Es gibt fünf ideale Stellen, um Verzierungen hinzuzufügen.

AUFSTEIGENDE SCHLEIFEN
bei Buchstaben wie b, d, f, h, k und l

DAS ENDE EINES WORTES

ABSTEIGENDE SCHLEIFEN
bei Buchstaben wie f, g, j, p, y und z

UNTER EINEM WORT

QUERLINIEN

EXPERIMENTIEREN IST IMMER ERWÜNSCHT. DIES SIND NUR EIN PAAR BEISPIELE FÜR EINFACHE MÖGLICHKEITEN, UM EINE VERZIERUNG ANZUBRINGEN!

Auf den nächsten Seiten können Sie verschiedene Schnörkel üben. Um die Dinge einfach zu halten, üben Sie mit einem Bleistift oder einem Kugelschreiber im Monoline-Stil. Wenn Sie sich sicherer fühlen, können Sie anfangen, mit einem Pinselstift Linienvariationen zu erzeugen.

Schnörkel

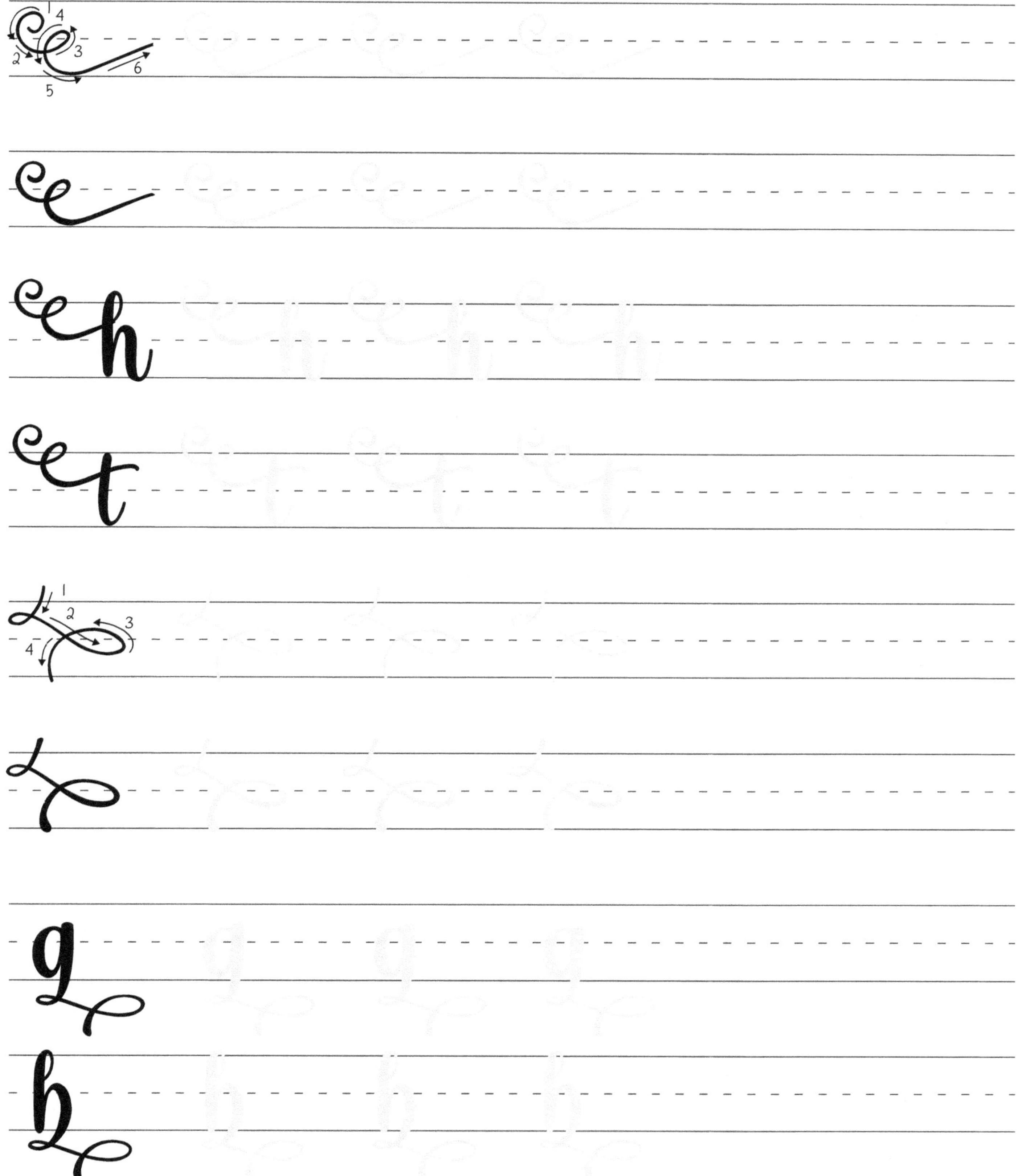

Schnörkel

78

Sans Serif

Die serifenlose Schrift macht Spaß beim Lernen und ist eine großartige Ergänzung zu Ihren Fähigkeiten! Sie können alles an den Buchstaben variieren - schmal oder breit, hoch oder kurz - und erhalten jedes Mal ein anderes Aussehen. Die serifenlose Schrift ist sehr minimalistisch und einfach und wird am besten neben anderen, fließenderen Stilen verwendet, um einen Kontrast zu schaffen. Sans Serif sieht sehr einfach und geradlinig aus.

Aa Bb Cc Dd Ee Ff
Gg Hh Ii Jj Kk Ll
Mm Nn Oo Pp Qq Rr
Ss Tt Uu Vv Ww Xx
Yy Zz Ää Öö Üü ß

Serifenlose Schrift kann mit fast jedem Werkzeug erstellt werden - am besten ist alles, was eine saubere und gleichmäßige Linie ergibt. Am häufigsten werden Stifte und Marker verwendet, aber auch Bleistifte, Farbstifte und Buntstifte sind großartige Mittel.

NUTZEN SIE DIE NÄCHSTEN SEITEN, UM IHRE SERIFENLOSE SCHRIFT ZU ÜBEN!

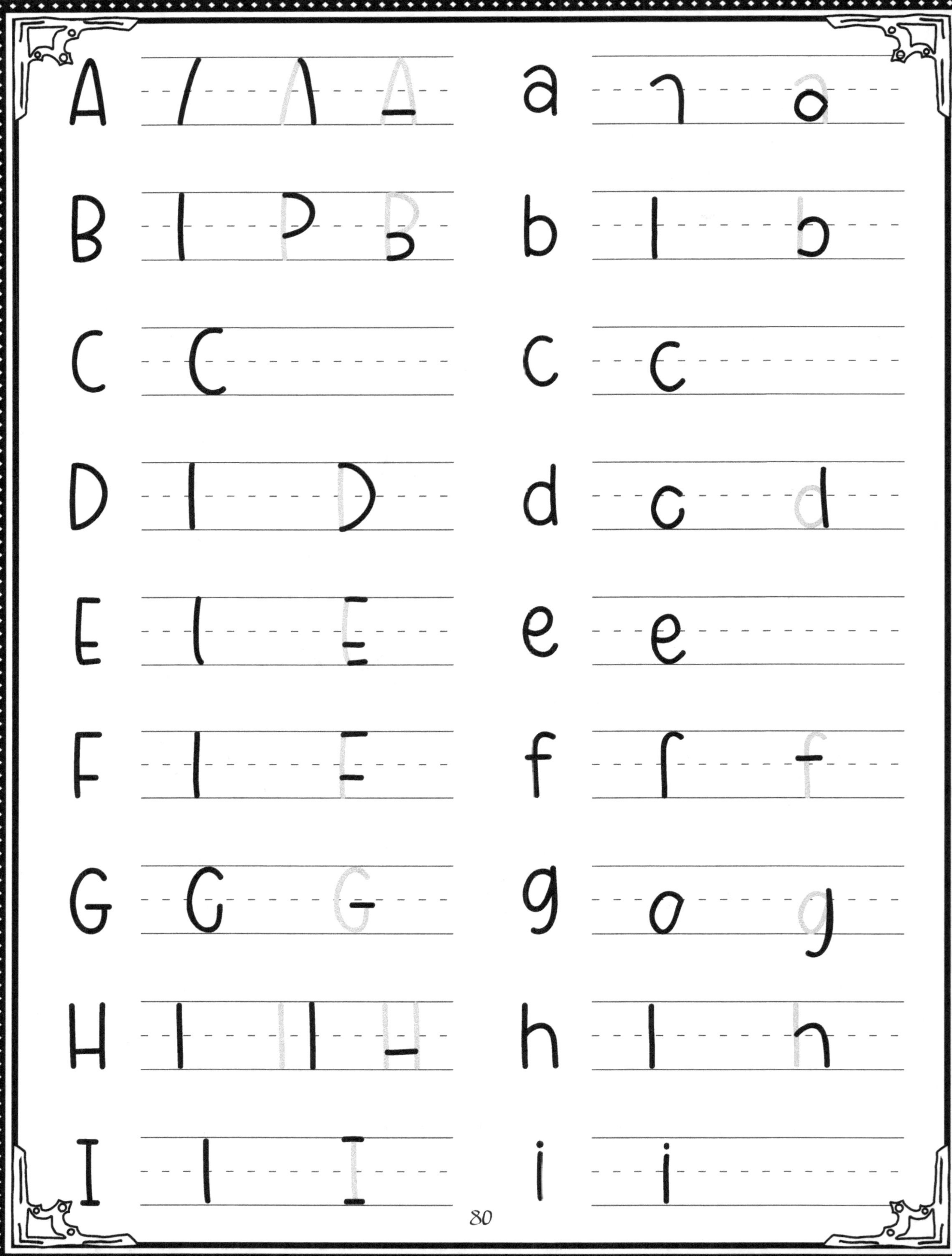

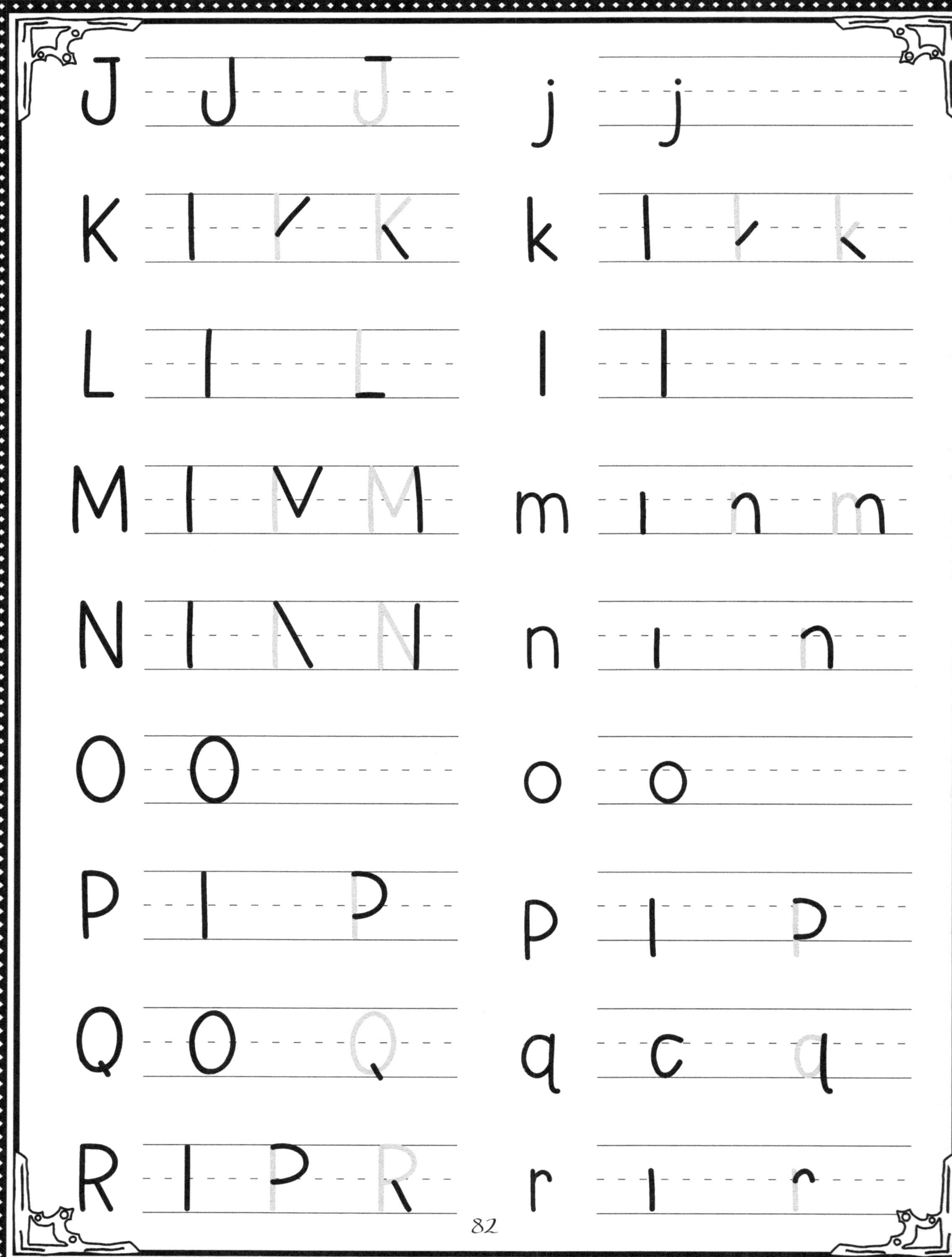

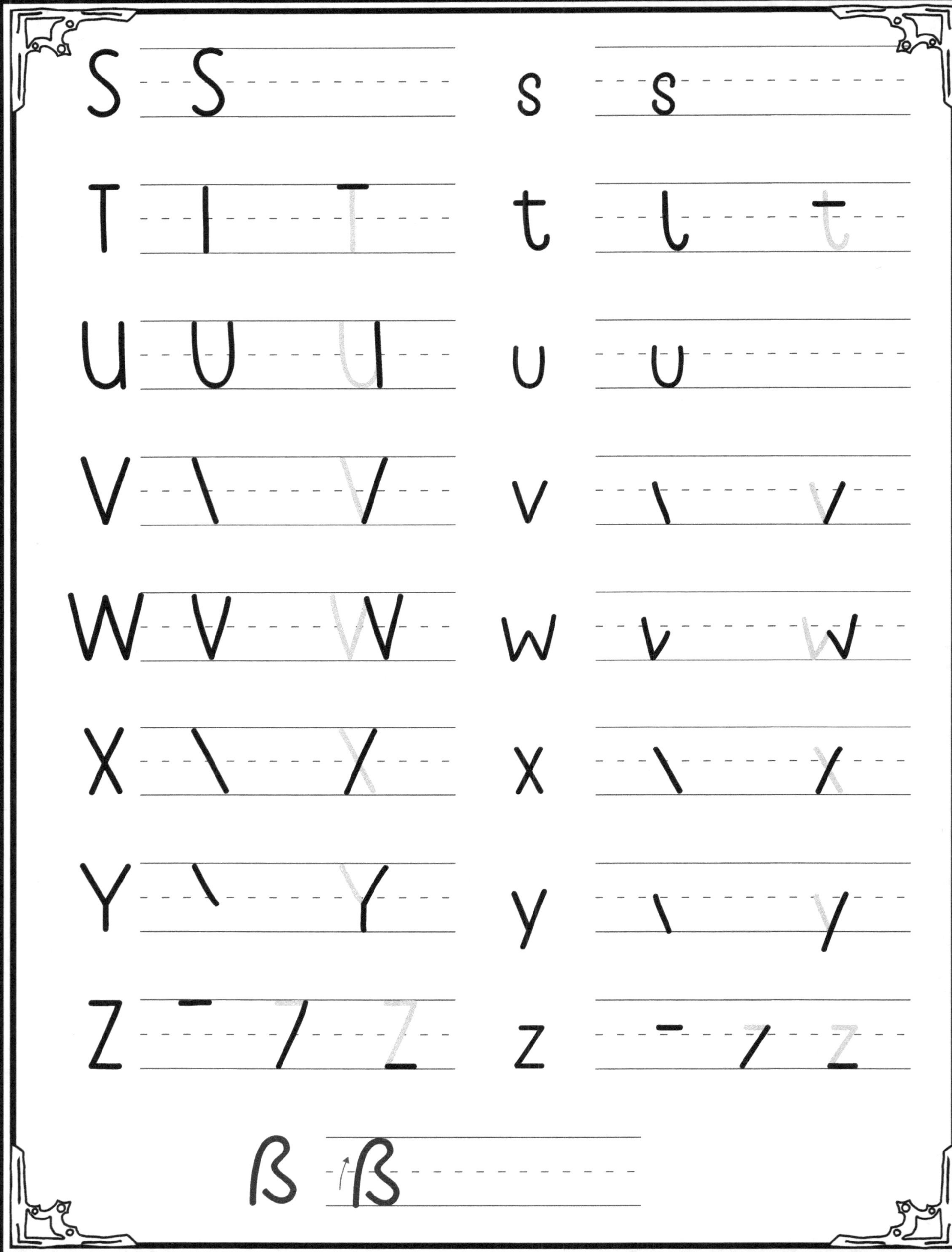

Ss Ss Ss

Tt Tt Tt

Uu Uu Uu

Vv Vv Vv

Ww Ww Ww

Xx Xx Xx

Yy Yy Yy

Zz Zz Zz

ß ß ß

Üben Sie hier!

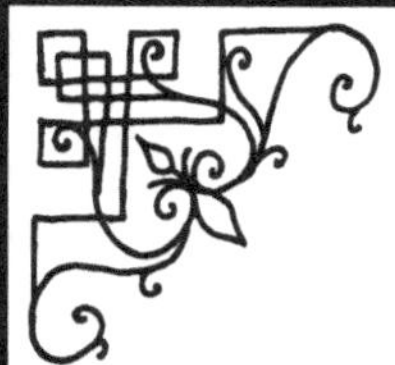

SERIF

Die Serifenschrift besteht aus denselben Grundbausteinen wie die serifenlose Schrift, aber sie kann sehr unterschiedlich aussehen. Bei der Serifenschrift werden kleine, von den Buchstaben abgehende Striche hinzugefügt, um die visuelle Attraktivität zu erhöhen. Eine Serifenschrift sieht eher wie eine Schreibmaschinenschrift aus und ist etwas schwieriger als eine serifenlose Schrift.

Die am besten geeigneten Werkzeuge sind praktisch die gleichen wie bei der serifenlosen Schrift: Stifte und Marker sind hervorragend. Jedes Werkzeug, mit dem man präzise arbeiten kann, ist gut geeignet, da man so die richtigen Größen und Konsistenzen bei den zusätzlichen Strichen erreichen kann.

Aa Bb Cc Dd Ee Ff
Gg Hh Ii Jj Kk Ll
Mm Nn Oo Pp Qq Rr
Ss Tt Uu Vv Ww Xx
Yy Zz Ää Öö Üü ß

Für die Serifenschrift müssen Sie eine Menge Fähigkeiten einsetzen, die Sie bereits gelernt haben. Vergewissern Sie sich, dass Sie alles beherrschen, was Sie bisher gelernt haben! Schauen wir uns nun an, wie man das Alphabet schreibt, beginnend mit a.

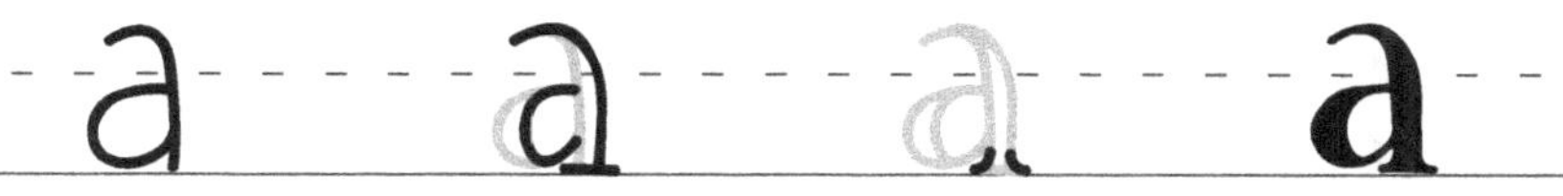

1. Schreiben Sie den Buchstaben zunächst in einer serifenlosen Schriftart. Halten Sie ihn einfach!

2. Verdicken Sie die Linie am unteren Ende und auch die Abstriche, genau wie bei der Faux Calligraphy.

3. Fügen Sie auf beiden Seiten des unteren Teils des Buchstabens die zusätzlichen Striche - die Serifen - hinzu.

4. Füllen Sie den Buchstaben aus. Sie haben jetzt ein serifenartiges a!

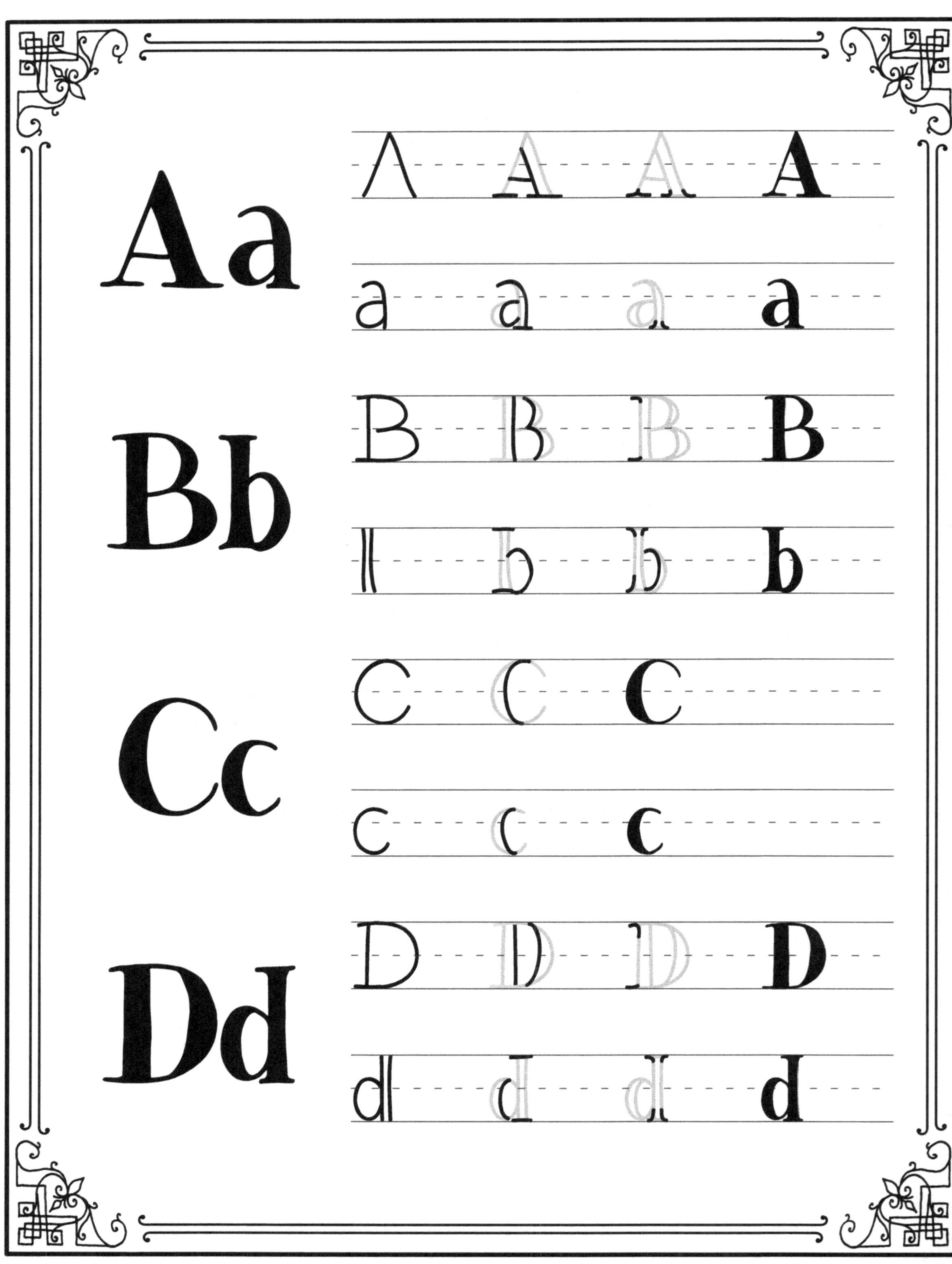

Aa Aa Aa Aa Aa Aa

Aa

Bb Bb Bb Bb Bb Bb

Bb

Cc Cc Cc Cc Cc Cc

Cc

Dd Dd Dd Dd Dd Dd

Dd

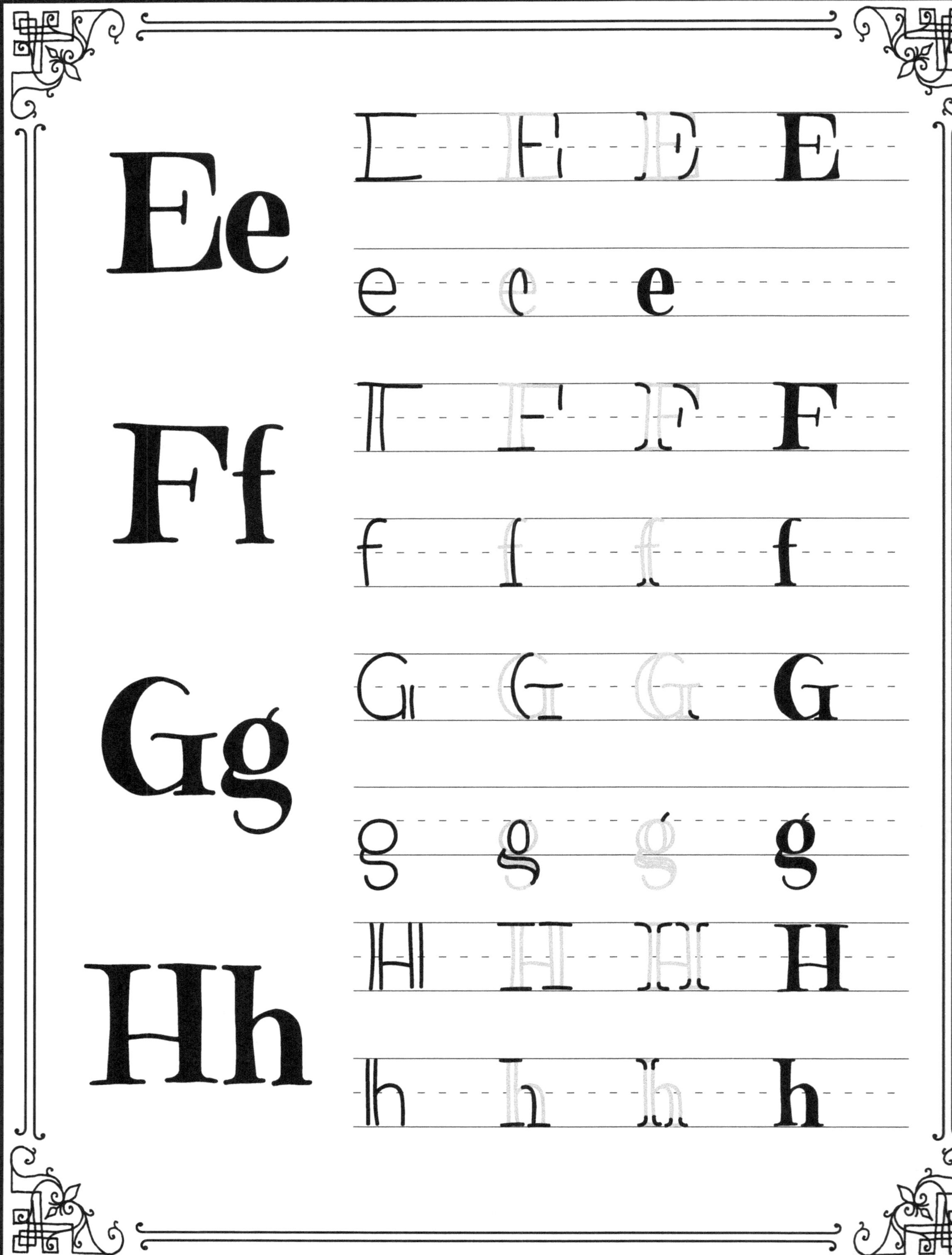

Ee Ee Ee Ee Ee Ee

Ee

Ff Ff Ff Ff Ff Ff

Ff

Gg Gg Gg Gg Gg Gg

Gg

Hh Hh Hh Hh Hh Hh

Hh

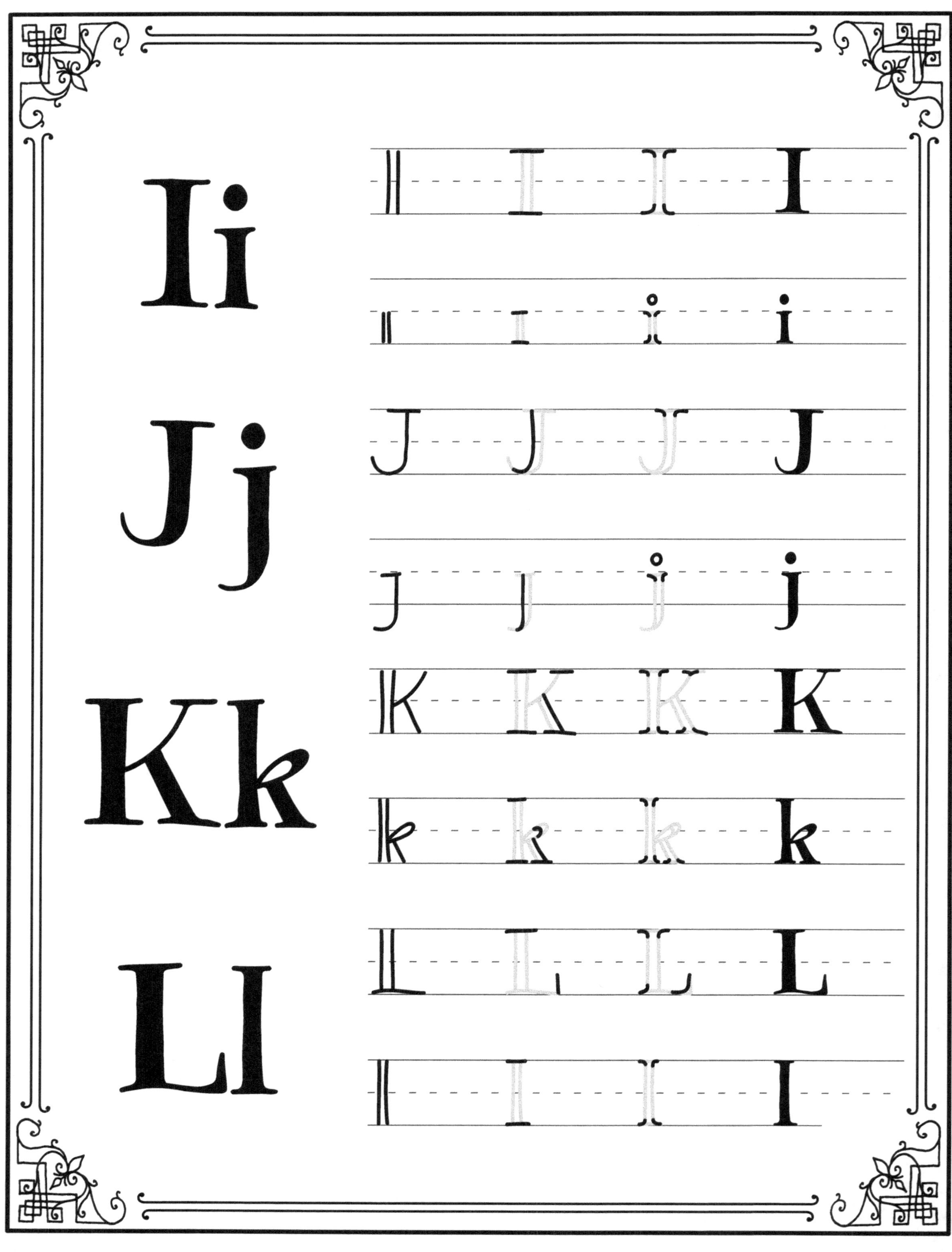

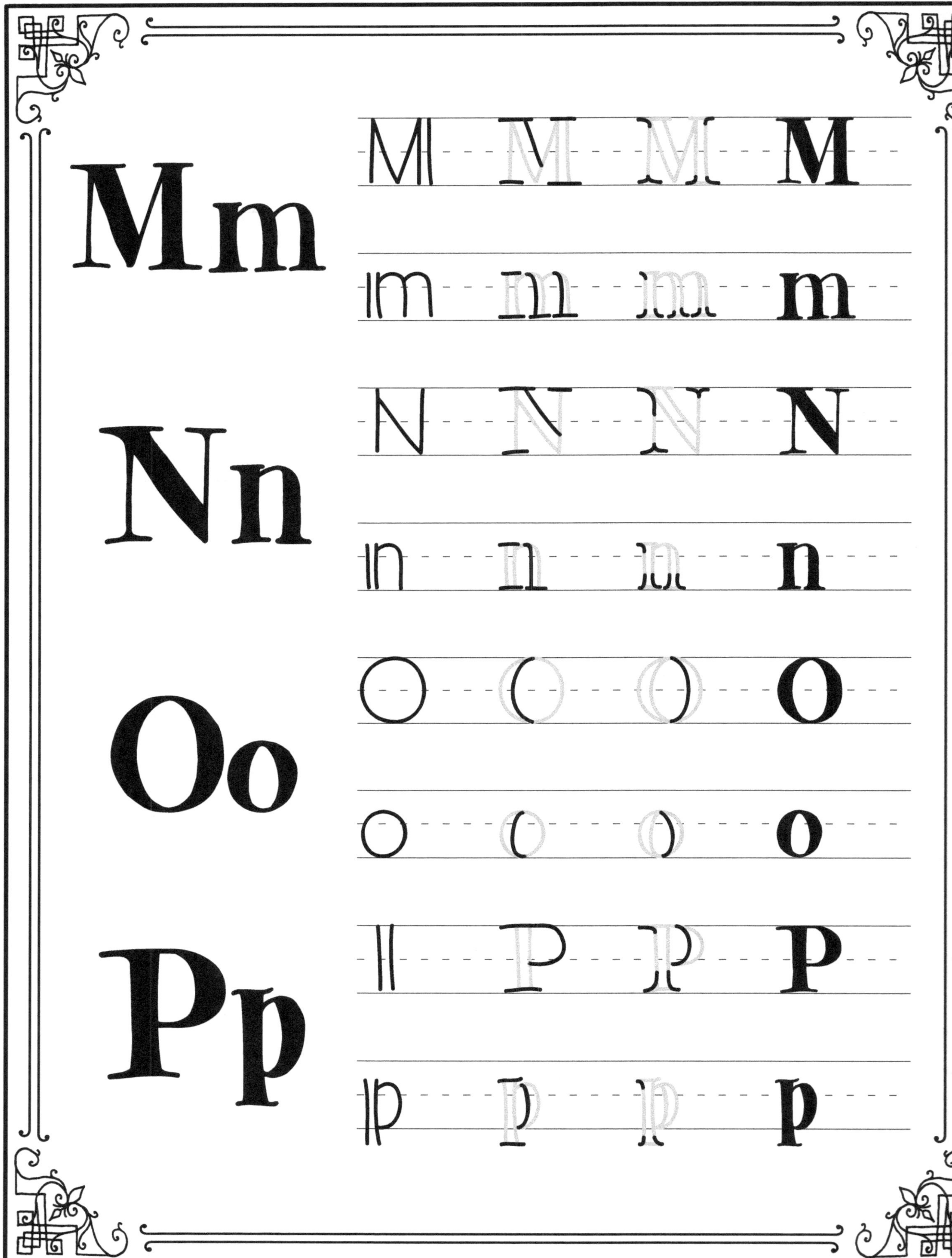

Mm Mm Mm Mm Mm

Mm

Nn Nn Nn Nn Nn Nn

Nn

Oo Oo Oo Oo Oo Oo

Oo

Pp Pp Pp Pp Pp Pp

Pp

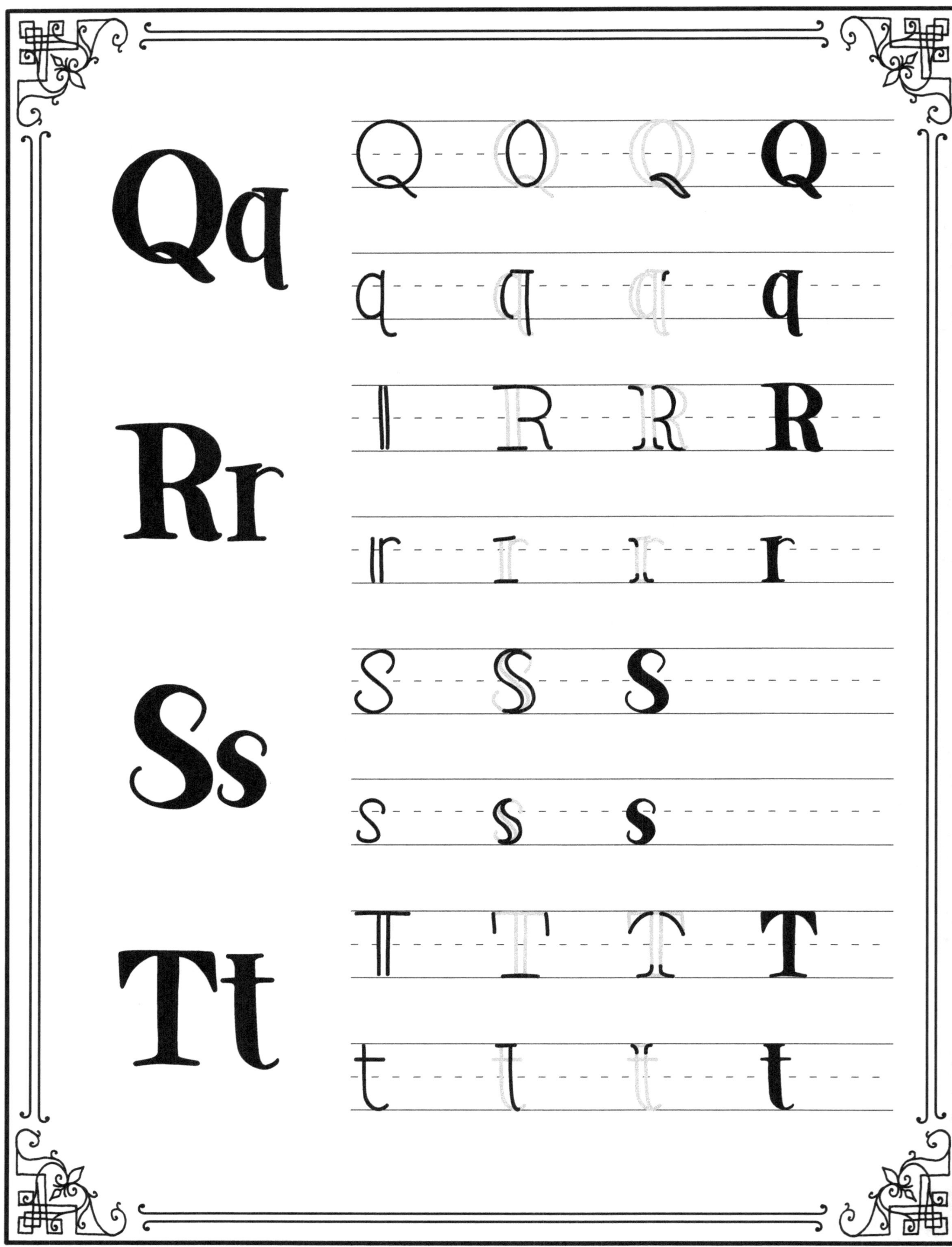

Qq
Q Q Q Q
q q q q
Rr
R R R R
r r r r
Ss
S S S S
s s s s
Tt
T T T T
t t t t

Qq Qq Qq Qq Qq Qq

Qq

Rr Rr Rr Rr Rr Rr

Rr

Ss Ss Ss Ss Ss Ss

Ss

Tt Tt Tt Tt Tt Tt

Tt

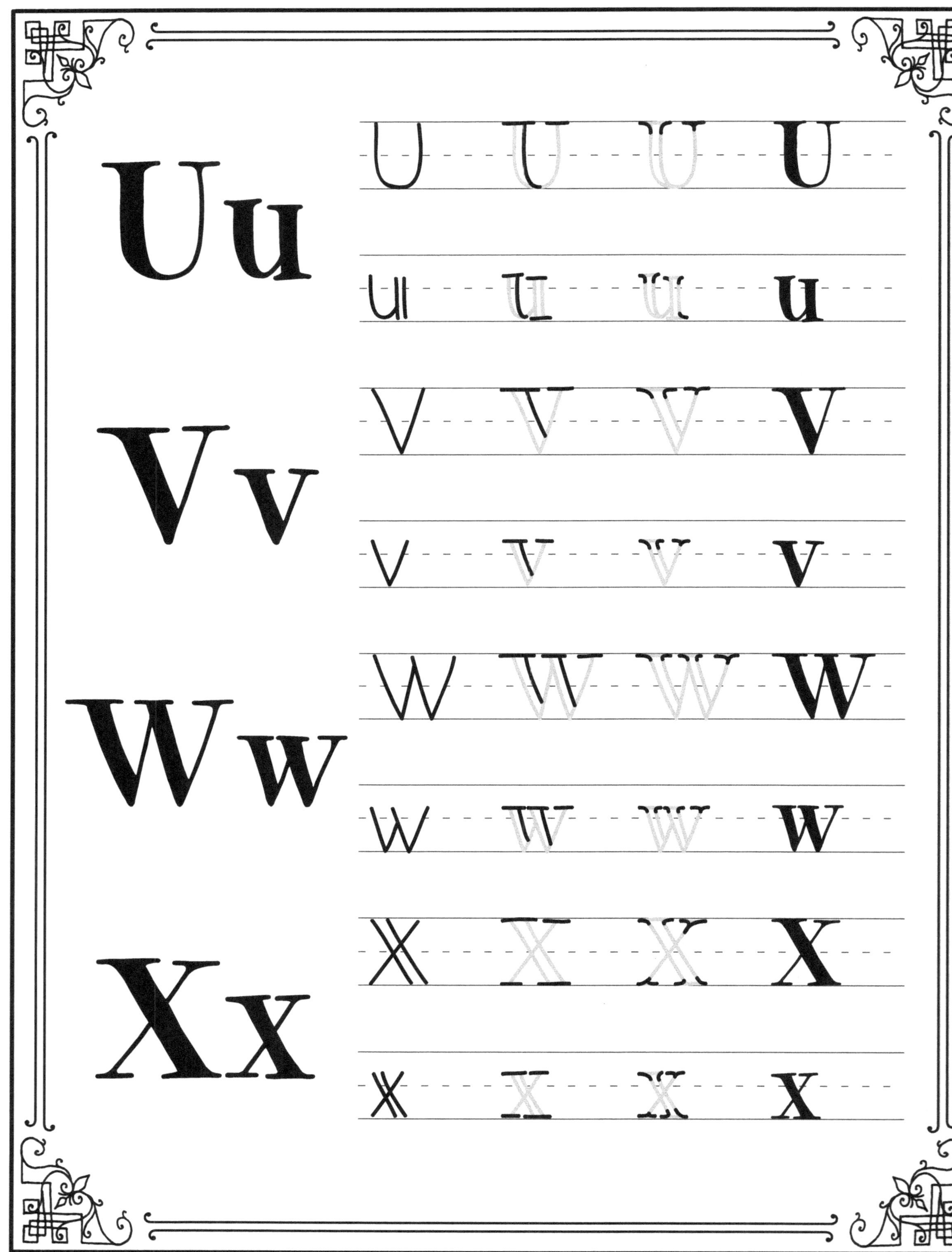

Uu Uu Uu Uu Uu Uu

Uu

Vv Vv Vv Vv Vv Vv

Vv

Ww Ww Ww Ww Ww

Ww

Xx Xx Xx Xx Xx

Xx

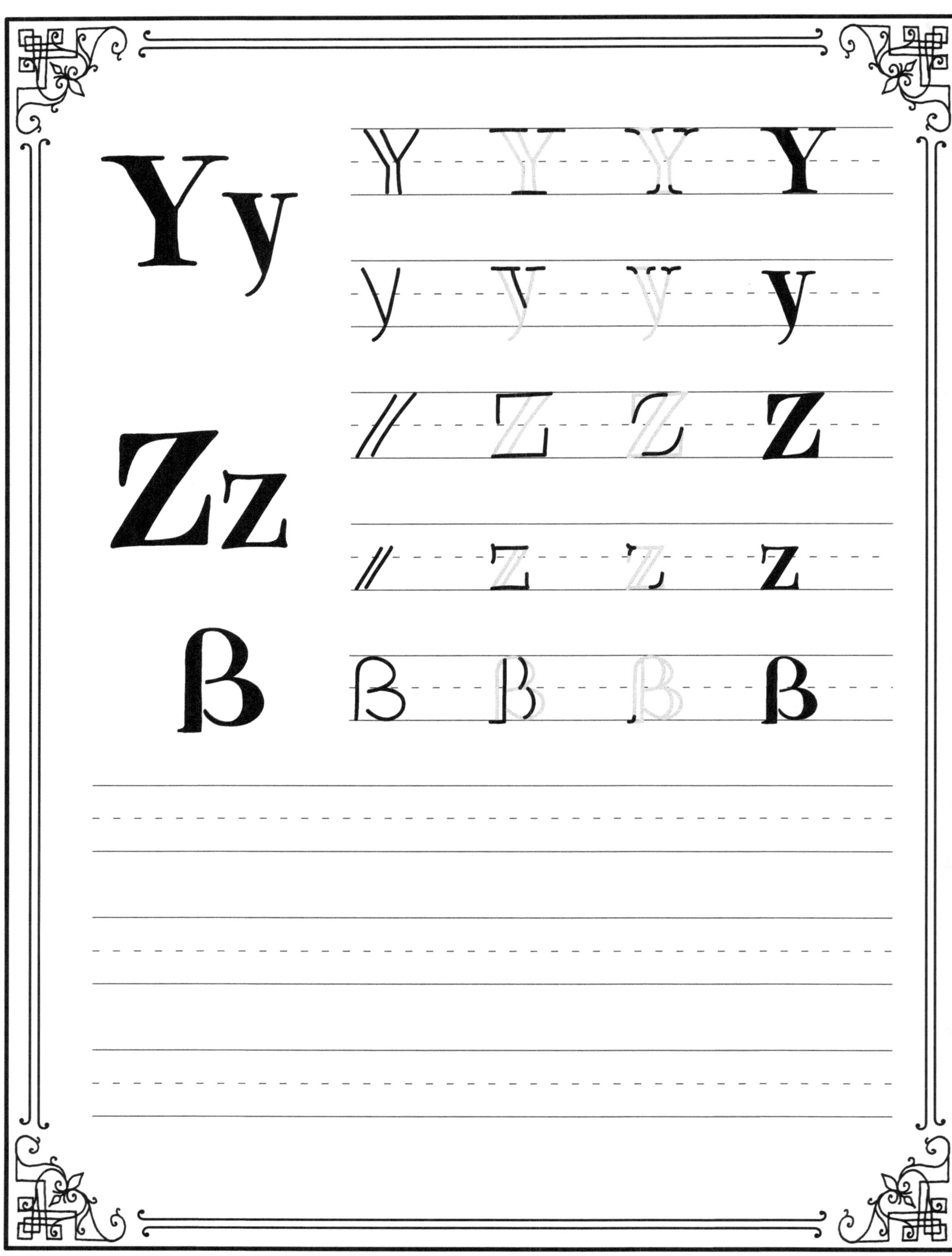

Y y
Y y Y y Y y Y y
Z z
Z Z Z Z
z z z z
ß
ß ß ß ß ß

Kreativ werden

Serif ist eine sehr anpassungsfähige Schriftart, und es gibt viele Möglichkeiten, sie einzigartig zu machen. Hier sind nur ein paar Möglichkeiten, die Schrift zu variieren!

Hinzufügen von Schwüngen

Aa Bb Cc Dd

Zusätzliche Linien

Ee Ff Gg Hh

Gestaltung eines Umrisses

Ii Jj Kk Ll

Hinzufügen von Punkten

Mm Nn Oo Pp

Komposition

Unter Komposition versteht man die Kombination von Schriftzügen mit anderen Elementen zu einem vollständigen Design. Sie erfordert viel Planung und Präzision, daher sind ein Lineal und ein Bleistift gute Hilfsmittel, die man immer dabei haben sollte! Verzierungen, Blockbildung und Schriftstile spielen alle eine Rolle.

Eigene Schriftzüge zu entwerfen, kann eine Herausforderung sein und Anfängern schwerfallen, aber keine Sorge! Es gibt keine festen Regeln, und Experimentieren ist ausdrücklich erwünscht. Es gibt jedoch einige Richtlinien, die Ihnen helfen können, Ihr Werk so gut wie möglich zu gestalten! Dieser Abschnitt führt Sie durch diese Richtlinien.

Kombinieren von Schriftstilen

Bei der Gestaltung verwendet man oft mehrere verschiedene Schriftstile, um mehr Interesse zu wecken. Dafür gibt es keine festen Regeln, aber es gibt einige Dinge, die es einfacher machen können.

Das mag anfangs schwierig sein, aber mit zunehmender Übung wird es viel einfacher werden. Halten Sie sich zunächst an die allgemeine Regel - nicht mehr als drei Stile in einem Design -, aber mit zunehmender Erfahrung können Sie diese Regel auch außer Acht lassen!

Hören Sie bei der Auswahl der Stile auf Ihr Bauchgefühl! Kombinieren Sie, was sich richtig anfühlt.

- Versuchen Sie, gegensätzliche Stile zu kombinieren, z. B. Faux Calligraphy und Serifen.
- Probieren Sie verschiedene Schriftarten aus, fügen Sie Kringel, Schnörkel und so weiter hinzu
- Halten Sie sich anfangs an ein allgemeines Thema, wie z. B. modern, leger, elegant, romantisch und so weiter. Aber mit zunehmender Erfahrung können Sie versuchen, sie zu mischen!

Wie man ein Handlettering-Design macht

Wenn Sie mit einem Design beginnen, experimentieren Sie mit einem Bleistift. Wählen Sie die Schlüsselwörter aus und zeichnen Sie sie auf verschiedene Arten, in verschiedenen Größen, mit verschiedenen Verzierungen und mehr! Es geht nur ums Experimentieren. Ändern Sie so viel, wie Sie wollen, es gibt keinen richtigen oder falschen Weg!

Die Blockbildung ist Teil der Komposition und wird später besprochen. Es soll helfen, alles auf eine ausgewogene Weise anzuordnen. Sie nehmen einen Bleistift und korrigieren Sie alle Fehler in Ihrem Design, bevor Sie ihn mit den dauerhaften Werkzeugen zeichnen.

Als Nächstes werden wir uns Verzierungen ansehen. Das sind einfache Möglichkeiten, um Ihr Design noch schöner zu machen! Sie eignen sich auch hervorragend, um Platz zu füllen und für Ausgewogenheit zu sorgen.

Verzierungen

Werfen wir einen Blick auf die Verzierungen. Die hier gezeigten sind keineswegs die einzigen Verzierungen, aber sie sind ein guter Ausgangspunkt!

Florale Elemente

Beginnen wir mit den floralen Elementen! Um es einfacher zu machen, haben wir sie in drei Schritte aufgeteilt.

1

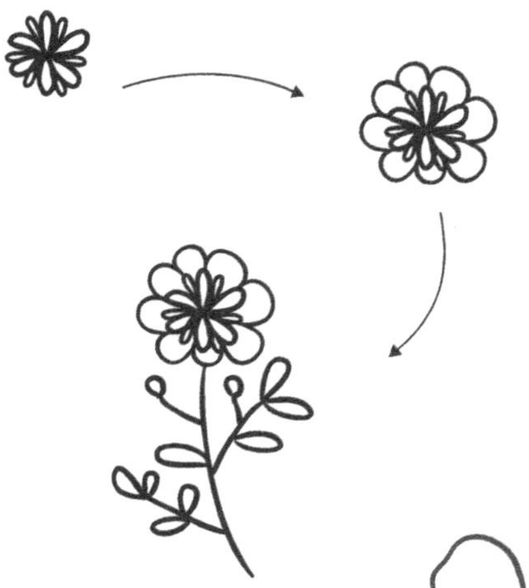

2

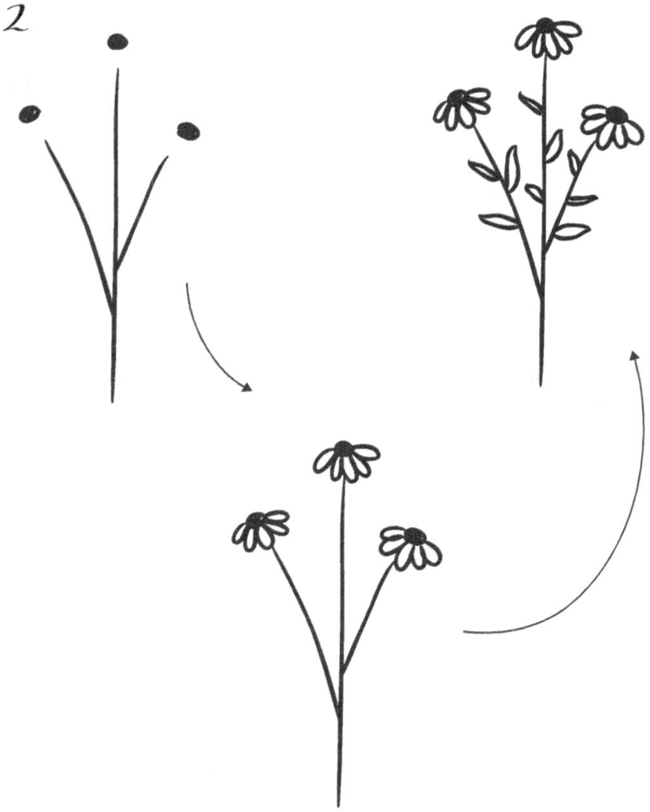

3

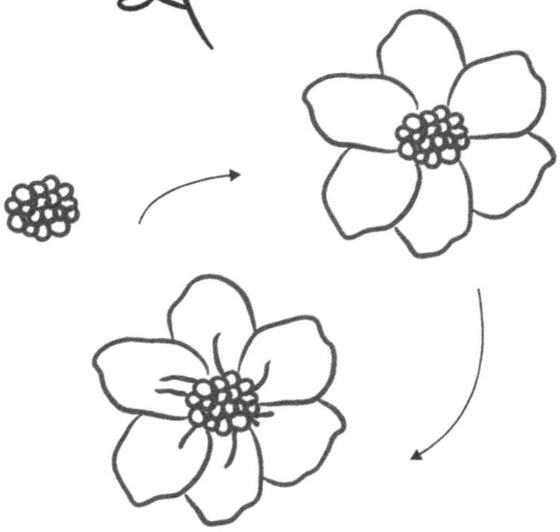

4

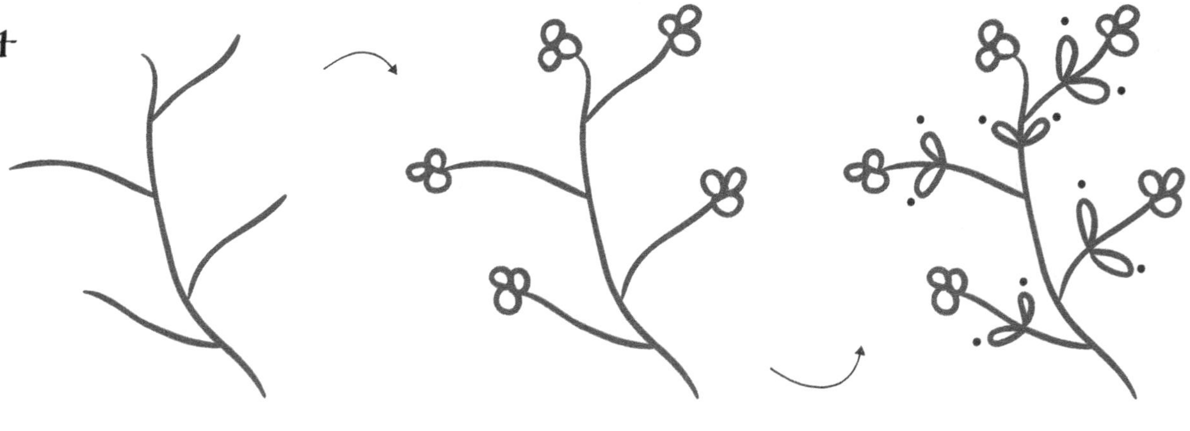

Brauchen Sie noch mehr Inspiration? Hier sind ein paar von Blumen inspirierte Designs, die Ihnen den Einstieg erleichtern. Das Drei-Schritte-Prinzip kann Ihnen dabei helfen: Überlegen Sie einfach, was Sie zeichnen möchten, und unterteilen Sie es in ein paar einfachere Schritte.

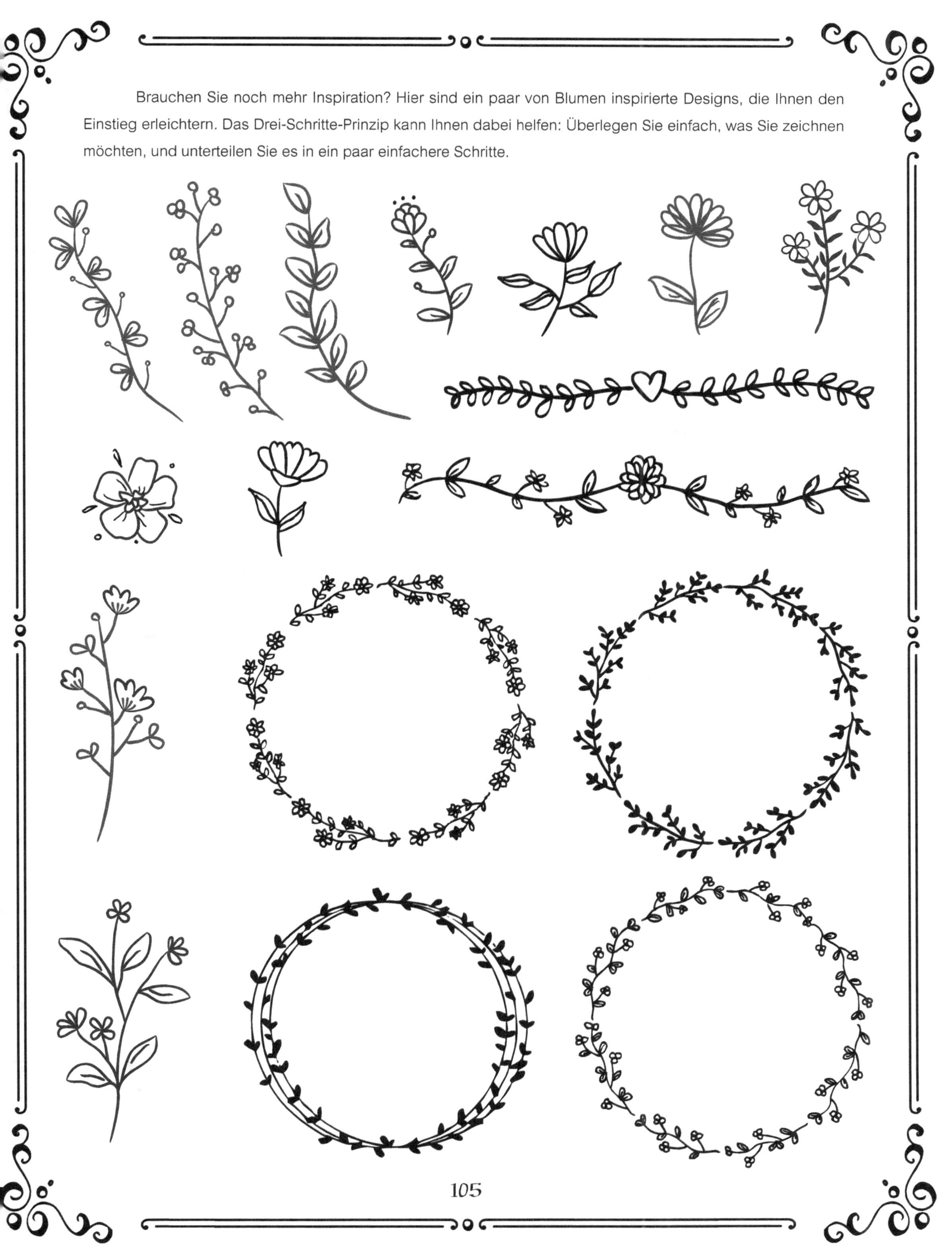

BANNERS

Banner sind ebenfalls eine nützliche Verschönerung! Sie eignen sich hervorragend, um Wörter zu umranden, die Sie hervorheben möchten, oder um einen Rahmen für Ihr Design zu erstellen.

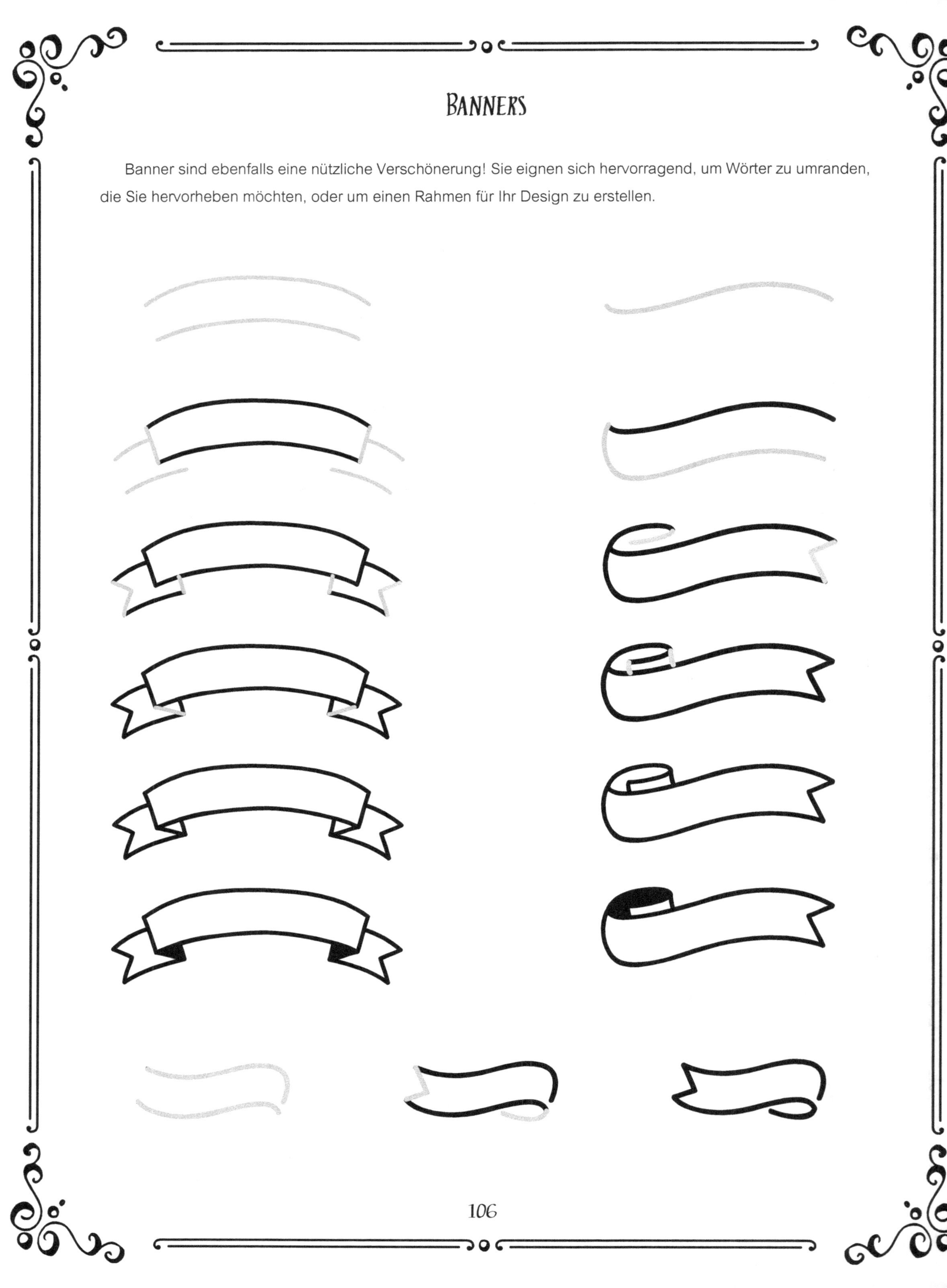

Sie können auch verschiedene Details zu Ihrem Banner hinzufügen!

- Zeichnen Sie ein einfaches Banner.
- Fügen Sie einige Schattierungslinien hinzu. Halten Sie sie an den Enden stark und im Banner selbst leicht. Achten Sie darauf, dass Sie nur an den Rändern des Banners Linien hinzufügen und die Mitte des Banners für Buchstaben freilassen!

TEILER

Ein weiteres nützliches Werkzeug sind Teiler oder Trennlinien. Sie werden zur Trennung von Wörtern oder als Rahmen verwendet. Hier sind einige Beispiele, aber wie immer können Sie auch Ihre eigenen erfinden!

ANDERE VERZIERUNGEN UND ORNAMENTE

Zusätzliche Verzierungen oder Ornamente eignen sich hervorragend, um Platz in Designs zu füllen oder Ihre Komposition auszugleichen. Hier sind nur ein paar davon!

BLOCKBILDUNG

Nun, da Sie jeden einzelnen Aspekt des Letterings gelernt haben, ist es an der Zeit, alles zusammen-zufügen! Hier kommt die Blockbildung ins Spiel.

1 Nehmen Sie zunächst die Phrase, die Sie verwenden wollen, und suchen Sie die wichtigen Wörter. Versuchen Sie, Wörter zu finden, die eine besondere Bedeutung für den Satz haben, denn diese werden hervorgehoben.

Happiness is not a destination, it's a way of life

(Happiness is not a destination, it's a way of life - Glück ist kein Ziel, es ist eine Lebensweise)

2 Erfinden Sie verschiedene Kompositionen, indem Sie die Phrase in verschiedenen Formen anord-nen, z. B. als Bogen, Brücke oder Dreieck. Es gibt noch viele weitere Formen, mit denen Sie spielen können! Schauen Sie sich die Formen unten an, um einige Ideen zu bekommen. Sie können so viele oder so wenige Möglichkeiten ausprobieren, wie Sie möchten. Machen Sie sich keine Gedanken darüber, ob es schön oder gleichmäßig aussieht - es geht nur darum, Ideen zu sammeln!

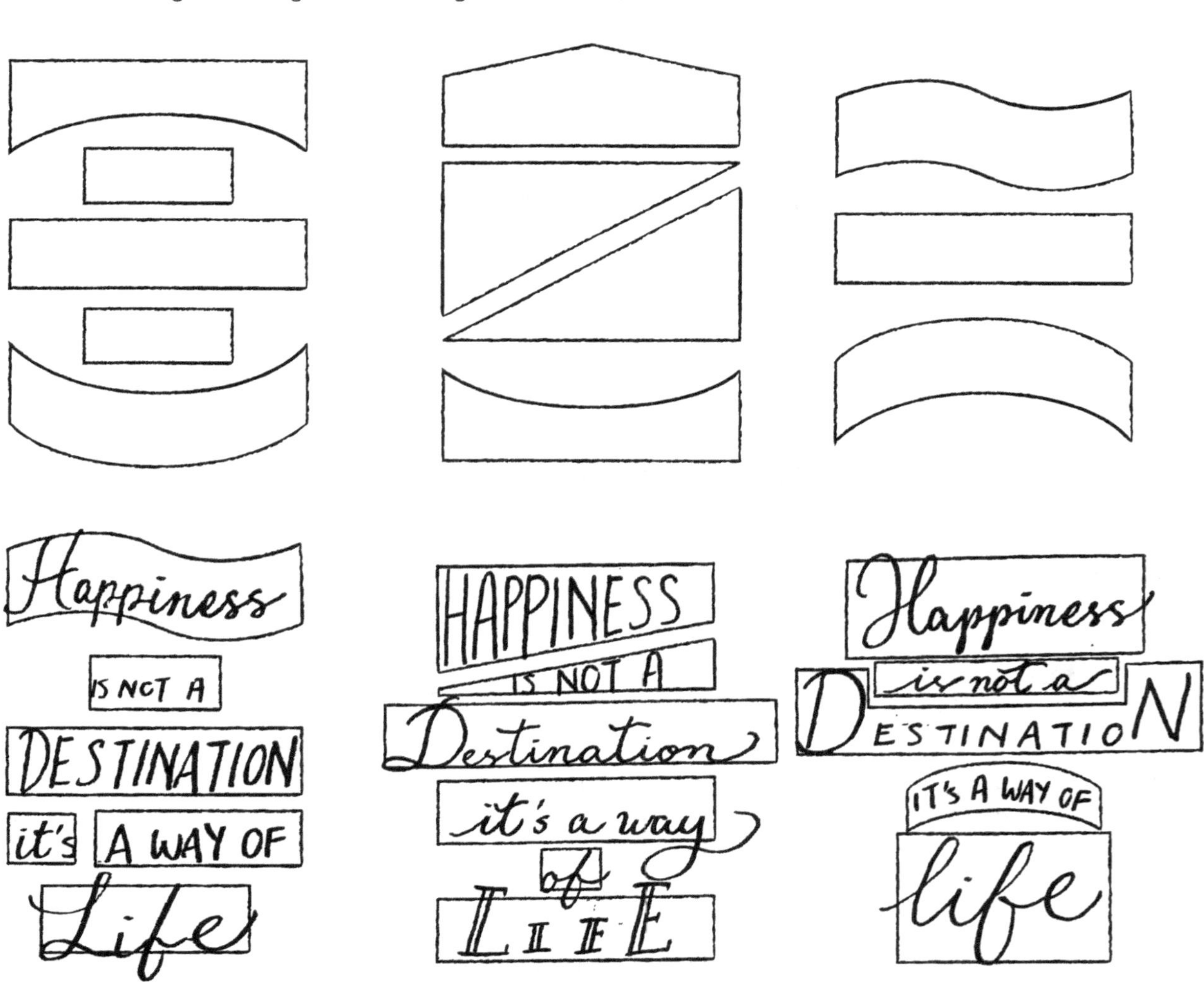

3   Wenn Sie einige Ideen skizziert haben, wählen Sie Ihren Favoriten aus. Verwenden Sie einen Bleistift, ein Lineal und ein neues Blatt Papier, um die Skizze zu überarbeiten und alles einheitlich und gleichmäßig zu gestalten. Fügen Sie alle gewünschten Hilfslinien hinzu - eine Mittellinie ist besonders hilfreich, wenn Sie die Buchstaben zentrieren wollen. Wenn Sie die Buchstaben nach rechts oder links ausrichten, fügen Sie entsprechende Hilfslinien hinzu.

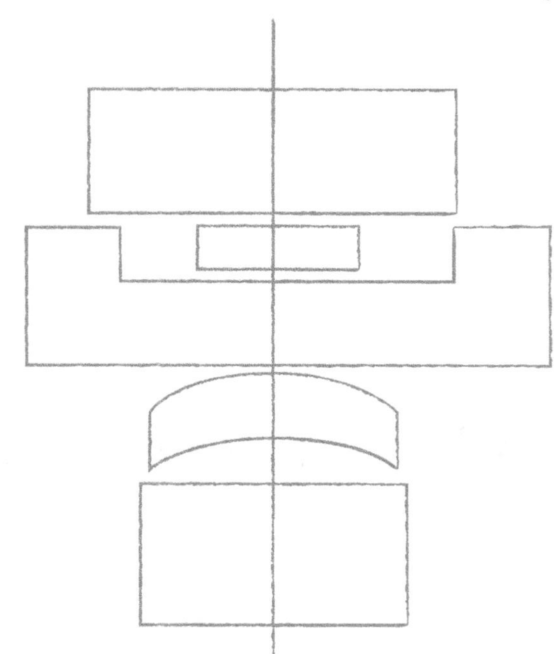

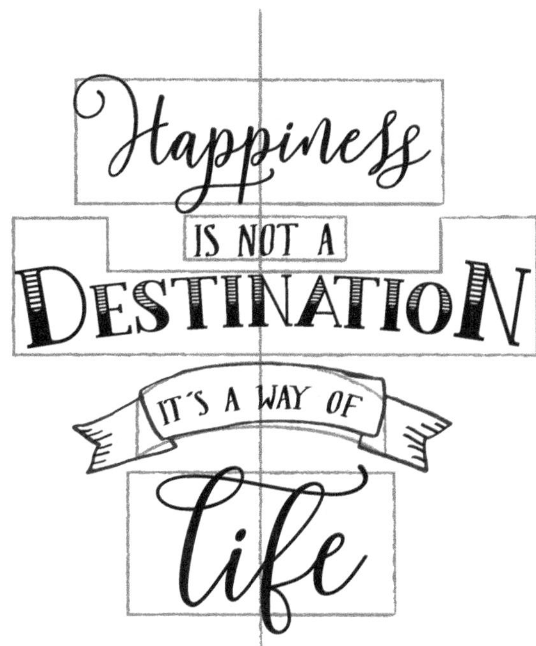

4   Schreiben Sie die Phrase in den entsprechenden Blöcken mit Ihrem bevorzugten Schriftstil. Skizzieren Sie Ihren Entwurf zunächst mit Bleistift, denn Sie möchten vielleicht immer wieder Änderungen vornehmen, bis Sie Ihren perfekten Entwurf gefunden haben!

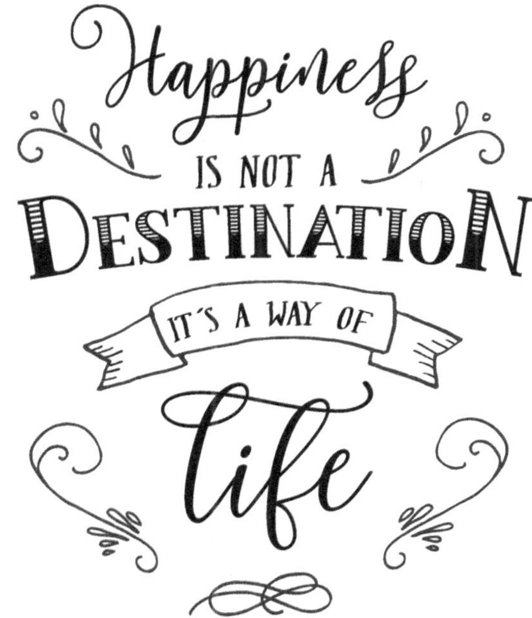

5   Fügen Sie alle gewünschten Verzierungen und Schnörkel hinzu und beenden Sie alles mit Ihrem letzten Werkzeug. Löschen Sie alle noch sichtbaren Hilfslinien oder Bleistiftmarkierungen. Jetzt können Sie feiern! Sie haben ein vollständiges Design!

Lettering-Herausforderung für zwölf Tage!

Ein wichtiger Teil des Erlernens von Handlettering ist viel Übung. Es kann schwierig sein, am Ball zu bleiben und eigene Ideen zu entwickeln. Dieser Abschnitt soll Ihnen helfen, sich mit allen Aspekten des Letterings noch besser vertraut zu machen.

Auch wenn es eine tägliche Herausforderung ist, ist es verständlich, dass einem der Alltag manchmal in die Quere kommt. Wenn das passiert, nehmen Sie es nicht so schwer! Sie müssen nicht den ganzen Entwurf an einem Tag machen, aber üben Sie zumindest Teile davon oder schreiben Sie die Phrase in einem bestimmten Schriftstil. Das Wichtigste ist, sich das tägliche Üben zur Gewohnheit zu machen!

Jede Phrase enthält ein komplettes Design, das Sie als Vorlage benutzen können, und Platz, damit Sie es selbst zeichnen können. Einige der schwierigeren Entwürfe haben auch zusätzliche Anleitungen und Platz zum Üben!

Tag 1: Niemals die Hoffnung verlieren

Das ist ein guter Anfang! Verlieren Sie beim Üben nicht die Hoffnung: Sie werden jedes Mal besser, wenn Sie einen Stift zu Papier bringen!

Diese Phrase wird im Stil der Faux Calligraphy geschrieben, daher ist ein Stift oder Marker am besten geeignet. Wenn Sie sich sehr sicher fühlen, können Sie stattdessen auch einen Pinselstift verwenden!

Am besten beginnen Sie damit, zuerst die Schlüsselwörter "Never" und "Hope" zu zeichnen.

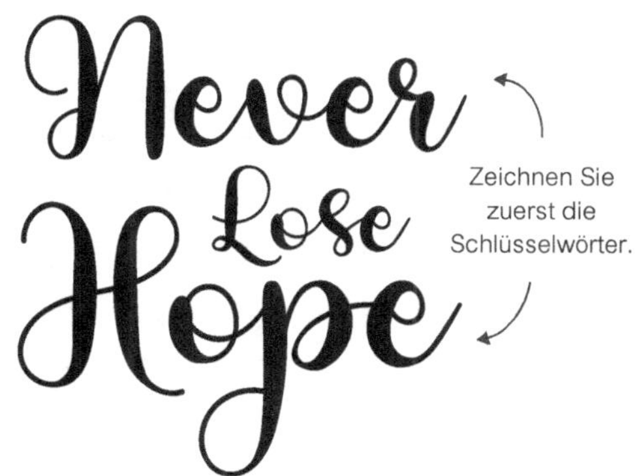

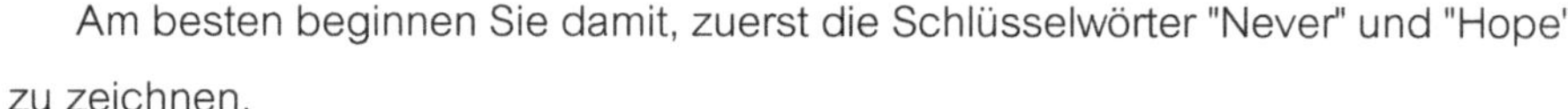

Zeichnen Sie das Design hier nach

Üben Sie hier noch einmal!

TAG 2: ZÄHLE DEINE ERFOLGE

Das heutige Zitat wird in Brush Lettering ausgeführt. Achten Sie bei diesem Design auf die Unterschiede bei den Buchstaben Count your Blessings. Dafür gibt es zusätzliche Vorlagen und Platz zum Üben!

Wenn Sie jedoch etwas Neues ausprobieren möchten, experimentieren Sie! Wählen Sie ein anderes Schlüsselwort und probieren Sie einige eigene Variationen aus.

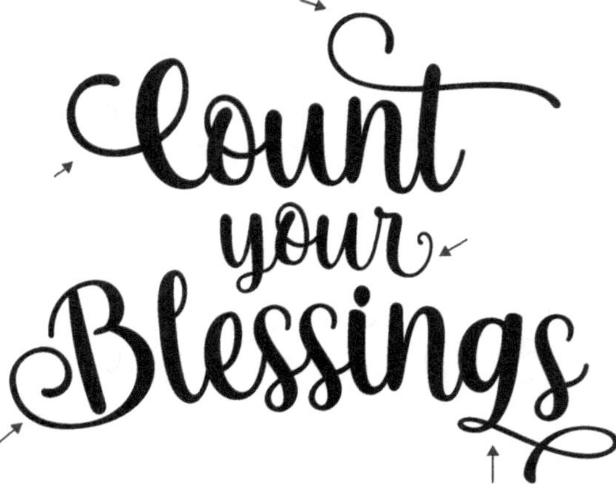

ZEICHNEN SIE DAS DESIGN HIER NACH

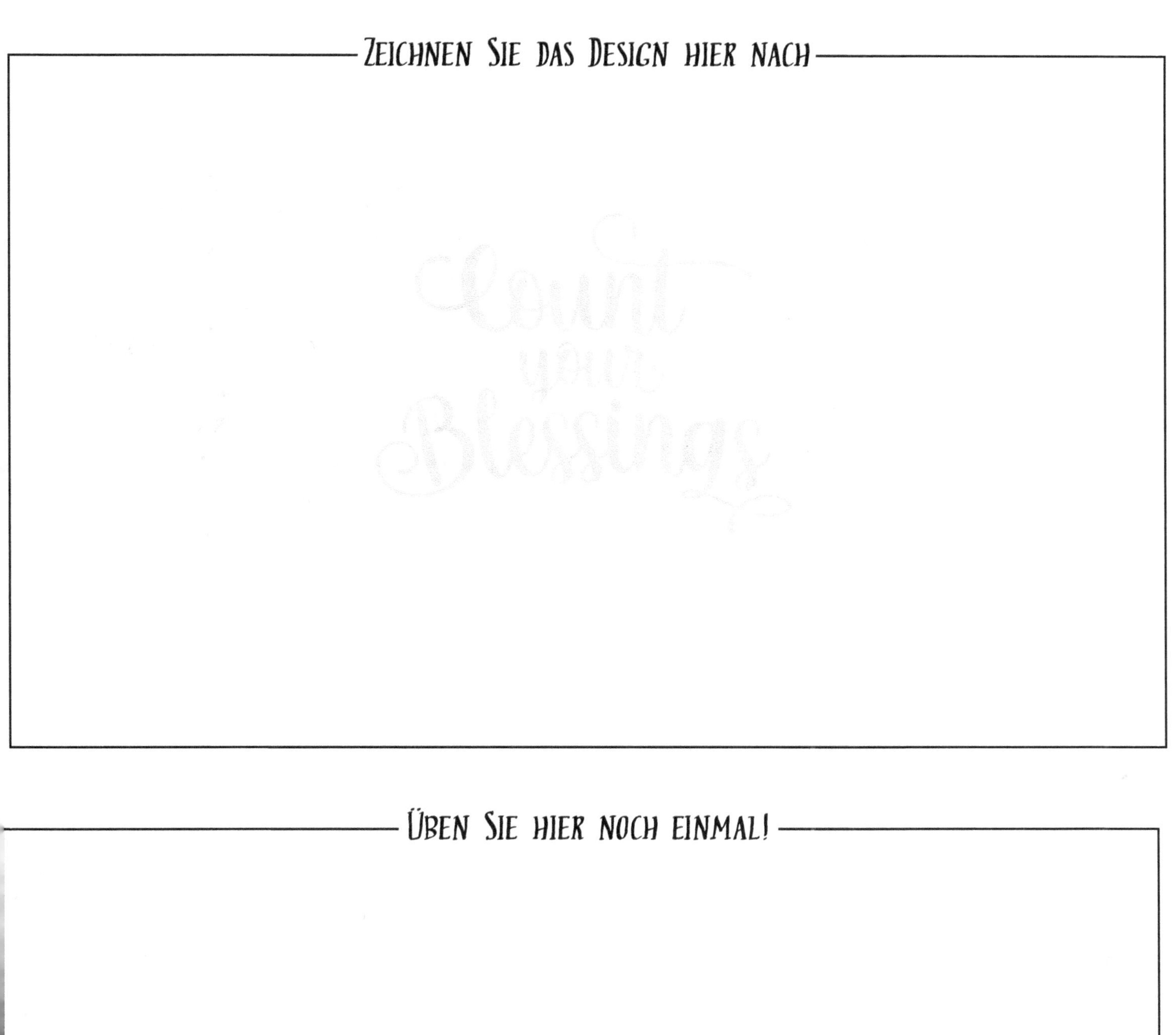

ÜBEN SIE HIER NOCH EINMAL!

Heute verwenden wir zwei Stile: Serifenschrift und Faux Calligraphy! Benutzen Sie einen guten Stift oder Marker und halten Sie ein Lineal bereit, um Hilfslinien zu zeichnen. Beachten Sie, dass die Serifenschrift eine leichte Abwandlung aufweist, indem Teile der Buchstaben gekräuselt werden. Dieses Design enthält einige Ornamente und Wirbel, aber Sie können jede beliebige Verzierung hinzufügen!

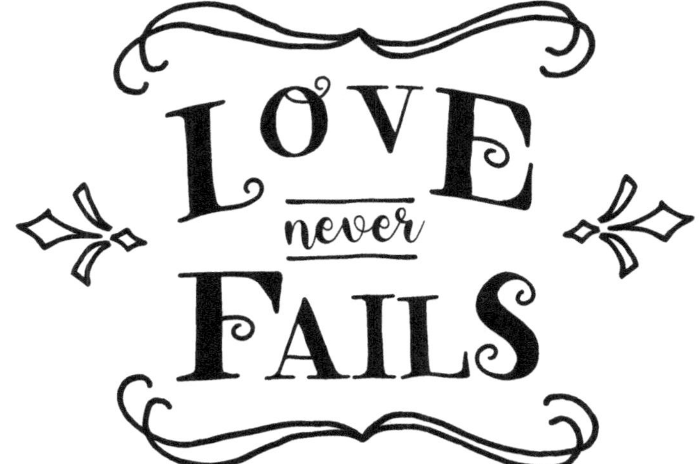

I

o

E

F

S

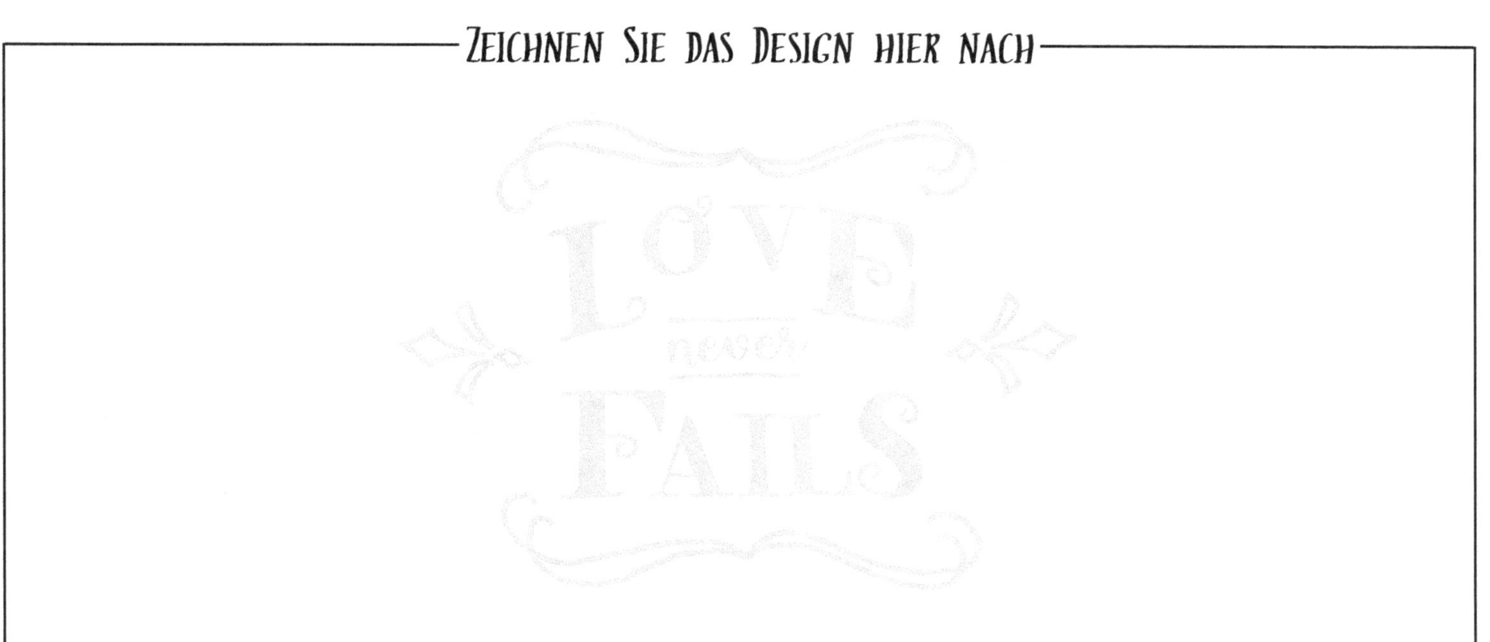

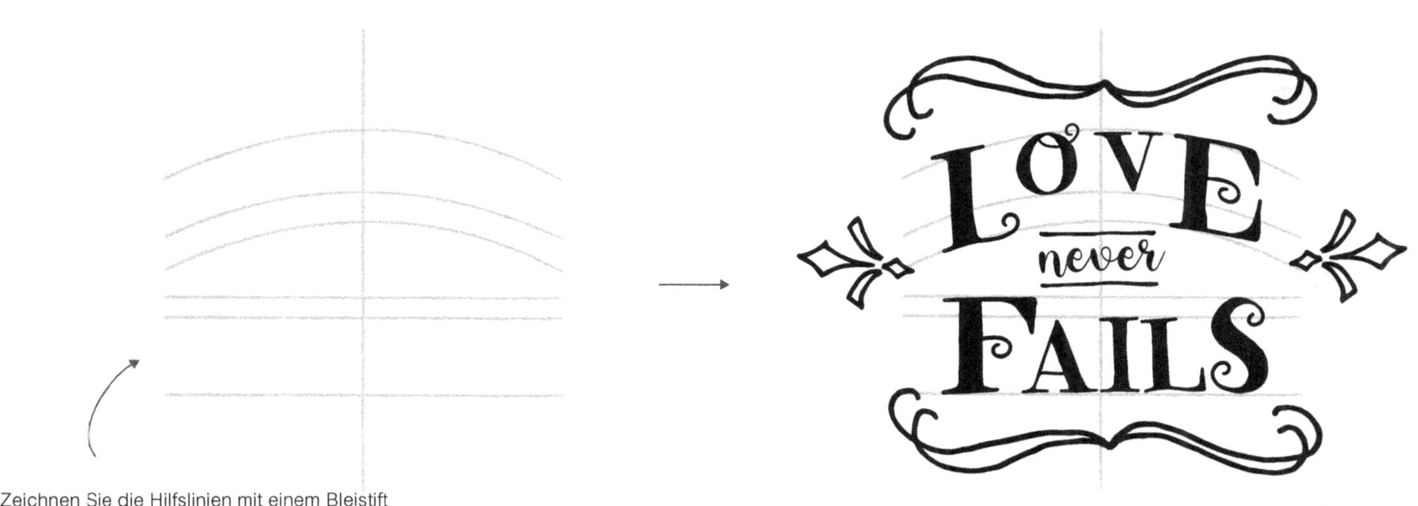

Zeichnen Sie die Hilfslinien mit einem Bleistift
unten ein, um Ihr Design zu unterstützen!

ÜBEN SIE HIER NOCH EINMAL!

Der Stil des Tages ist Monoline! Verwenden Sie einen Stift oder Marker, mit dem Sie gleichmäßige Linien ziehen können.

Das Design ist recht einfach, aber die zusätzlichen Schnörkel können knifflig werden. Üben Sie einfach weiter, und Sie werden es im Handumdrehen können!

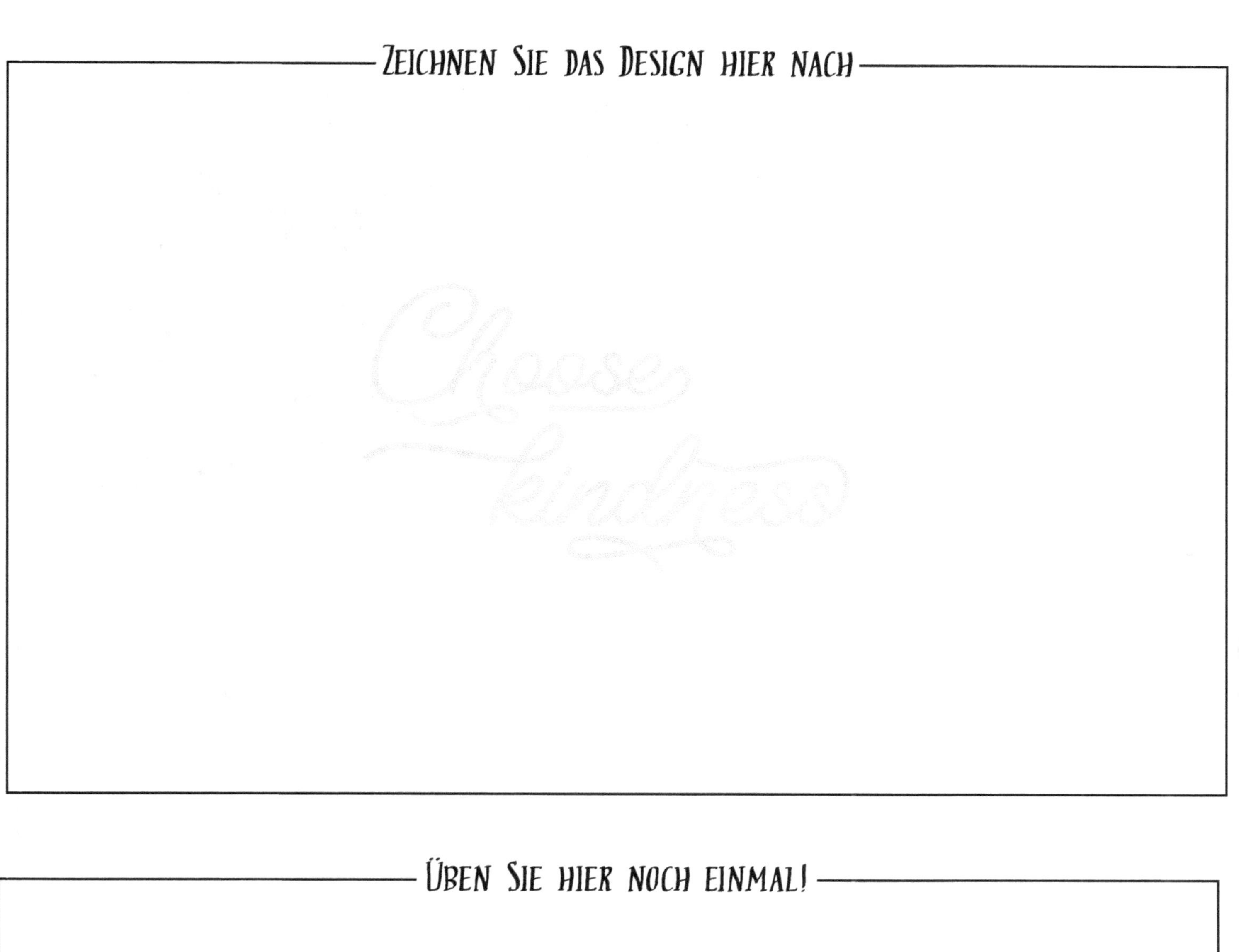
Choose
kindness

TAG 5: STREBEN SIE NACH FORTSCHRITT, NICHT NACH PERFEKTION

Hier ist eine wunderbare Erinnerung! Dieses Design kombiniert serifenlose Schrift und Brush Lettering, also brauchen Sie gute Zeichenwerkzeuge wie einen Stift und einen Pinselstift. Heute gibt es auch ein Banner, also nehmen Sie sich mit diesem Design etwas mehr Zeit zum Üben.

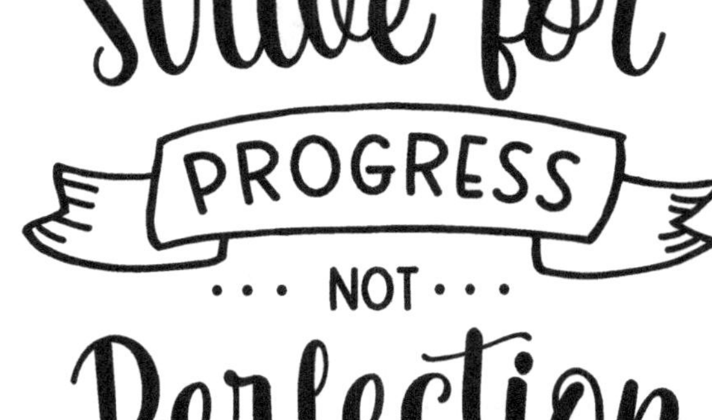

ZEICHNEN SIE DAS DESIGN HIER NACH

ÜBEN SIE HIER NOCH EINMAL!

Tag 6: Habe Mut und sei freundlich

Sie haben die Hälfte geschafft! Das heutige Design kann entweder als Faux Calligraphy oder als Brush Lettering ausgeführt werden, je nachdem, was Sie üben möchten. Wenn Sie beides üben möchten, legen Sie Pauspapier auf die Seiten und üben Sie zweimal!

Verwenden Sie wie immer einen Stift oder Marker für die Faux Calligraphy und einen Pinselstift für Brush Lettering. Wenn Sie diese Phrase schreiben, zeichnen Sie zuerst die Schlüsselwörter "Courage" und "Kind" und schreiben dann alles andere um sie herum.

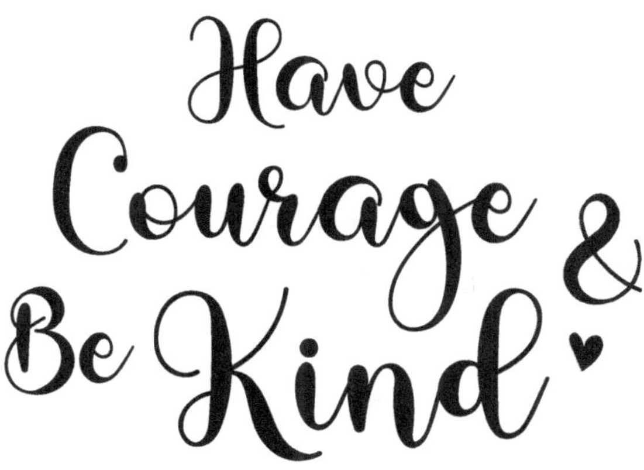

Zeichnen Sie das Design hier nach

Üben Sie hier noch einmal!

Tag 7: Das Glück ist hausgemacht

Die heutige Phrase ist größtenteils in Brush Lettering und ein wenig in serifenloser Schrift erstellt. Ein präzises Werkzeug wäre für das Verzierungsbanner hilfreich! Beachten Sie die Variation der Buchstaben in dieser Phrase.

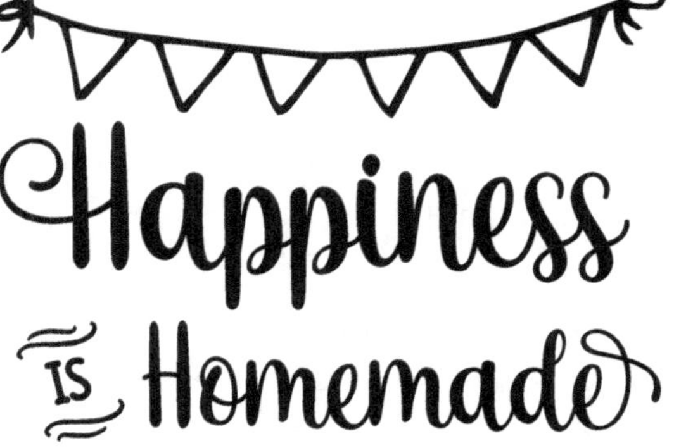

Tag 8: Sterne können ohne Dunkelheit nicht leuchten

Heute werden Sie Buchstaben in Serifenschrift und entweder Faux Calligraphy oder Brush Lettering schreiben - das bleibt Ihnen überlassen. Verwenden Sie Stifte oder Marker für die Serifenschrift und Faux Calligraphy und einen Pinselstift, wenn Sie Brush Lettering verwenden möchten. Dieses Design ist etwas zeitaufwändiger, aber die Mühe lohnt sich! Nehmen Sie sich Zeit und genießen Sie den Prozess.

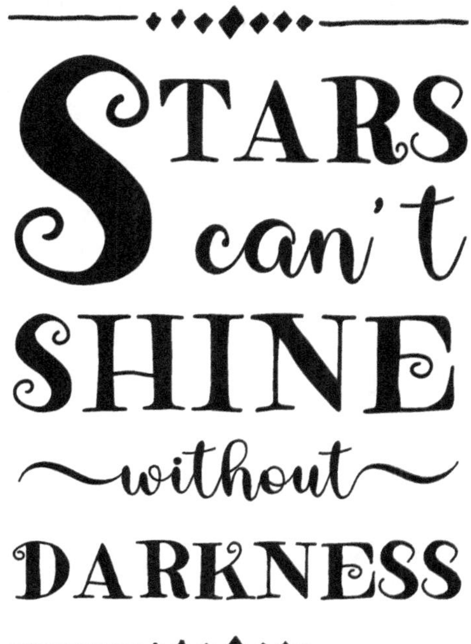

ÜBEN SIE HIER NOCH EINMAL!

ZEICHNEN SIE DAS DESIGN HIER NACH

TAG 9: GENIEßE DIE KLEINEN DINGE

Sie sind in der Endphase der Herausforderung! Dieses Design ist größtenteils in Faux Calligraphy oder Brush Lettering gehalten, mit einem kurzen Wort in Sans Serif. Wählen Sie den gewünschten Stil und verwenden Sie die entsprechenden Werkzeuge. Wirbel und Blätter wurden verwendet, um dieses Design zu verschönern, aber Sie können alles benutzen, was Sie möchten, um es aufzupeppen!

Zeichnen Sie zuerst die Schlüsselwörter.

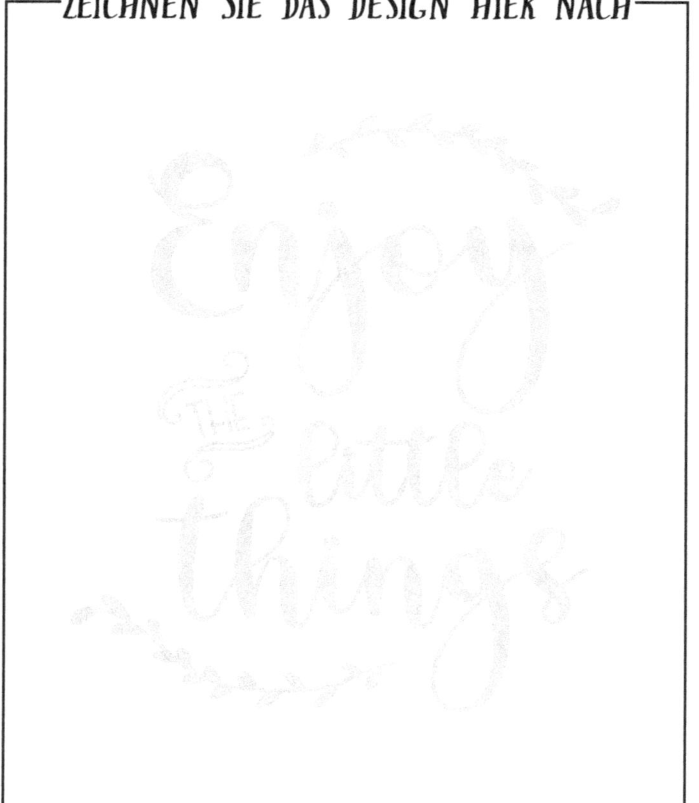

ÜBEN SIE HIER NOCH EINMAL!

ZEICHNEN SIE DAS DESIGN HIER NACH

Tag 10: Spüre deine Seele

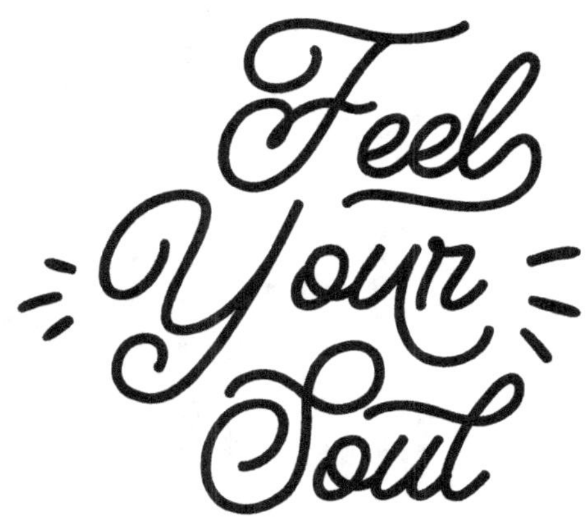

Monoline ist der Stil des Tages! Verwenden Sie einen Stift oder Marker, der saubere Linien erzeugt. Die heutige Phrase ist ziemlich einfach, aber achten Sie auf die schwierigeren Variationen der Buchstaben Feel Your Soul.

TAG 11: LACHEN IST DIE BESTE THERAPIE

Die heutige Phrase kombiniert die Stile San Serif und Brush Lettering. Verwenden Sie die entsprechenden Werkzeuge für jeden Stil. Überstürzen Sie nichts bei diesem Design, es besteht aus vielen Teilen! Beachten Sie das Banner, die Schnörkel und die Buchstabenvariationen in Laughter is the Best Therapy.

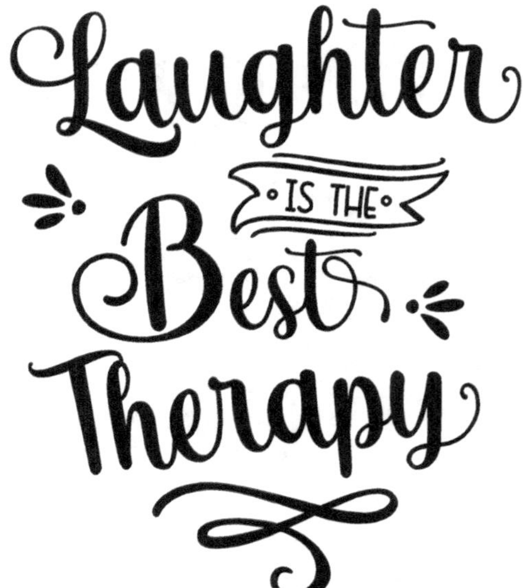

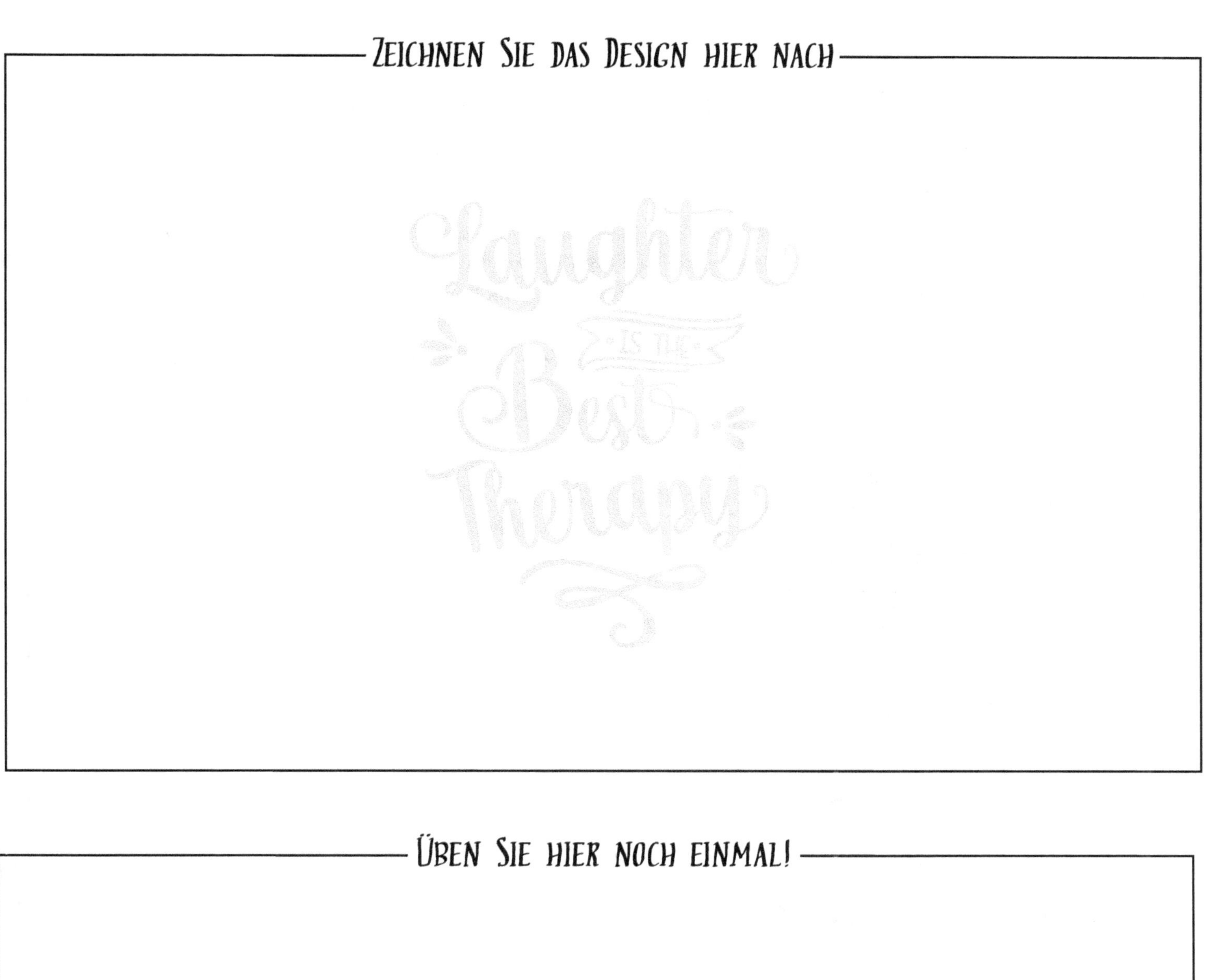

ÜBEN SIE HIER NOCH EINMAL!

Tag 12: Träumen ohne Furcht

Glückwunsch, Sie haben es bis zum letzten Tag geschafft! Noch eine Phrase, und Sie sind auf dem besten Weg, Ihre eigenen Designs zu erstellen.

Die Stile für dieses Design sind Brush Lettering und Sans Serif. Hier ist es am einfachsten, die dekorativen Linien um das Wort "Without" zu zeichnen und alles andere darum herum anzuordnen. Fügen Sie zum Schluss beliebige Verzierungen hinzu!

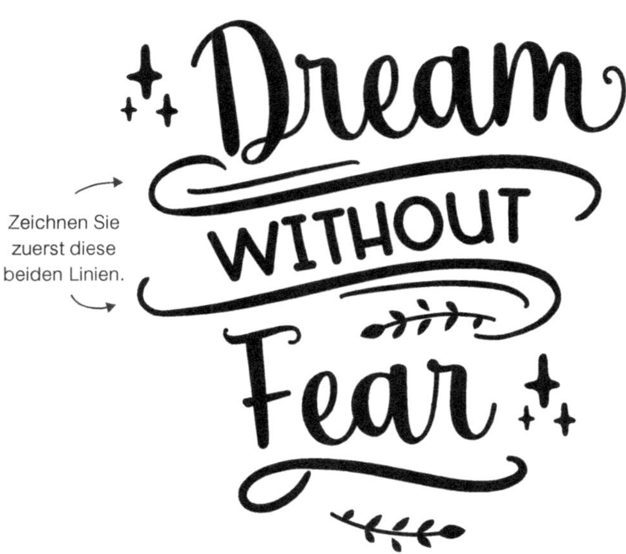

Zeichnen Sie zuerst diese beiden Linien.

Bonus: Zusätzliche Phrasen zum Üben

Herzlichen Glückwunsch, dass Sie beim Lettering so weit gekommen sind! Mit etwas zusätzlicher Übung sind Sie auf dem besten Weg, ein Lettering-Profi zu werden. Hier sind einige weitere Phrasen, die Sie in Ihrer Übungszeit ausprobieren können!

Inspirierend/Motivierend

Nach jedem Sturm gibt es einen Regenbogen.

Das Leben ist ein Strand, genieße die Wellen.

Ich sehe die Magie in dir.

Gut Ding braucht Weile.

Ich sende ein wenig Sonnenschein.

Das Leben ist hart, aber du bist es auch.

Sei du der Grund, warum heute jemand lächelt.

Wirf Freundlichkeit wie Konfetti in die Runde.

Nimm dir Zeit, dich auszuruhen.

Bewahre die Liebe in deinem Herzen.

Du bist zu erstaunlichen Dingen fähig.

Freundschaft

Freunde zeigen ihre Liebe in Zeiten der Not, nicht des Glücks.

Ein Freund ist das, was das Herz immer wieder braucht.

Wahre Freunde sind im Geiste immer zusammen.

Ein Freund liebt zu jeder Zeit.

Beste Freunde bis zum Ende.

Egal wann, egal wo, ich werde immer da sein.

Geburtstag

Mag dein Tag so wunderbar werden wie du.

Auf ein weiteres Jahr mit dir.

Heute ist mein Lieblingstag des Jahres.

Lustig

Immer zu spät, aber das Warten lohnt sich.

Gib mir Kaffee und niemand wird verletzt.

Freunde kaufen dir Essen. Beste Freunde essen dein Essen.

Schlechte Ideen ergeben die besten Geschichten.

Weck mich auf, wenn es Kaffee gibt.

Ein Nickerchen ist mein Ausdauertraining.

Wenn Pizza nur ein gesundes Lebensmittel wäre.

Hochzeit

Sei unser Gast.

Und so beginnt unser Abenteuer.

Geboren, um ihn/sie zu lieben.

Das warst immer du.

Wir haben uns für die Ewigkeit entschieden.

Für immer und ewig.

Weihnachten

Die Liebe wird uns warm halten.

Weihnachtsmann, bitte halte hier an.

Freude für alle Welt.

Alles, was wir brauchen, ist Liebe und Weihnachtsstimmung.

Lass es schneien.

Man kann nie zu viele Weihnachtsplätzchen haben.

www.ingramcontent.com/pod-product-compliance
Lightning Source LLC
Chambersburg PA
CBHW080518030726
47592CB00012B/3384